SOZIAL 4.0 STATT HARTZ IV

Grundeinkommen in nur einer Minute

Ulrich Bode

Bibliografische Information der Deutschen Nationalbibliothek:
Die Deutsche Nationalbibliothek verzeichnet diese Publikation in der Deutschen Nationalbibliografie; detaillierte bibliografische Daten sind im Internet über http://dnb.dnb.de abrufbar.

Verlag: Trochos GmbH, Eichenau, Deutschland
Herstellung: BoD – Books on Demand, Norderstedt, Deutschland
Co-Autor: Barbara Niedner, München

ISBN 978 3 938277 04 1 » eBook
ISBN 978 3 938277 05 8 » Paperback
ISBN 978 3 938277 06 5 » Hardcover

www.s4h4.de

Inhalt

Einführung: Denken wir groß

Warum ist Deutschland so kompliziert? Als Informatiker bin ich von Berufswegen geschult, Strukturen möglichst smart zu gestalten. Je klarer und allgemeingültiger ein Konzept gehalten ist, desto geringer ist der organisatorische Aufwand, desto leichter fällt auch die Entwicklung der Software. Aber Deutschland leistet sich eine komplizierte Intensiv-Bürokratie, die Bürger und Verwaltungen an ihre Grenzen bringen. Strukturell überfrachtet und ohne umfassende digitale Unterstützung hat die COVID-19-Pandemie die Schwächen des Systems überdeutlich offengelegt.

In bin einst in die Politik gegangen, um nicht nur zu meckern, sondern einen Beitrag zu leisten, es besser zu machen. Ich kenne das politische System also auch von innen. Immer wieder wird die Politik nur mit einer einzigen Frage lahmgelegt: Wer zieht in das Bundeskanzleramt ein? Und wer auch immer dann darin Platz nimmt, muss vielfältige Ideen und Interessen beachten. Politische Logik und mathematische Logik sind völlig verschiedene Welten.

In keinem politischen Feld setzen wir so viel Geld ein und ist die Bürokratie so umfassend wie in der Sozialpolitik. Ein effizientes und effektives Sozialsystem würde den Menschen besser helfen und die Kosten für das Staatswesen reduzieren. Eine gute Sozialpolitik ist für mich die größte Herausforderung in der Politik. Ich staune, wie oberflächlich die Diskussionen und wie dünn die Konzepte sind. Bei 1 Billionen Euro jährlichem Sozialbudget in Deutschland springen wir viel zu kurz.

Im Bundestagswahlprogramm 1994 präsentierte die FDP erstmalig das **Bürgergeld**. Damals war dies revolutionär, konsequent formuliert und hätte ein sozialpolitischer Meilenstein werden können. Im Laufe der Zeit ist von dem Elan nicht mehr viel übrig geblieben. Die tiefe Reformdiskussion der 1990er Jahre verblasst, die Mitgliederschaft wandelt sich und das Wissen entschwindet.

Um die Jahrhundertwende gab es einen breiten Konsens in der Politik für **grundlegende Reformen**, allen voran in der Steuerpolitik. Neben der FDP beschäftigten sich auch die Grünen mit ihren Bundestagsabgeordneten Christine Scheel und Oswald Metzger vielfältig mit Steuerreformen. In CDU ist der Vorschlag von Friedrich Merz, eine Steuererklärung auf einem Bierdeckel, legendär. Aber auch die Wissenschaft mit Paul Kirchhof, Peter Bareis und Joachim Mitschke sowie Wirtschafts- und Gesellschaftsverbände nahmen intensiv an der Debatte mit eigenen Vorschlägen teil.

Von den konzeptionellen Vorschlägen blieb am Ende vor allem die Diskussion über Steuersätze übrig. Die Sozialpolitik verlor sich wie meistens in **Aktionismus**. Die Schröder-Regierung schnürte mit der Agenda 2010 aus verschiedenen Elementen das Hartz-Paket. Dies war die letzte größere Reform, auch wenn sie mehr eine Bündelung verschiedener Elemente war, als eine strukturelle Veränderung des Staatsgebildes.

Mit der Kanzlerschaft von Angela Merkel wurde auf grundlegende Veränderungen verzichtet. Krisenmanagement wurde zum Markenkern der Regierung. Die FDP war hierbei mit ihrer Regierungsbeteiligung 2009-2013 fehl am Platz. Sie vertraute fälschlicherweise darauf, dass die Union bei den Reformen schon mitziehen würde. Der Wunsch, endlich wieder zu regieren, war stärker als ein solider Koalitionsvertrag.

Konzeptionelle Debatten sind seitdem weitgehend aus der Politik verschwunden. Andrea Nahles hatte im November 2018 mit einem Beitrag in der FAZ einen Versuch unternommen, ein sozialpolitisches Gesamtkonzept zu entwerfen. Dies ist unabhängig vom konkreten Inhalt allein schon deshalb bemerkenswert, weil die SPD eine starke Neigung zu Einzelaktionen hat. Zwar beschloss die SPD 2019 noch den entsprechenden Antrag, aber mit dem Abgang von Andrea Nahles fehlt dieser Initiative der Motor.

So dümpelt die deutsche Politik vor sich hin, hangelt sich von Krise zu Krise und belässt die Nation ohne Perspektive. Wenn der demokratischen Mitte die Luft ausgeht, werden die politischen Ränder stärker. **Es ist Zeit, dass die deutsche Politik die mehr als überfällige Erneuerung der staatlichen Strukturen angeht.**

Außerhalb des engeren Politikbetriebs diskutieren unterschiedlichste Gruppen in der ganzen Welt intensiv über das Grundeinkommen. Besonders die Variante „bedingungslos" erhitzt die Gemüter. Auffällig viel Mühe verwenden die im Bundestag vertretenen Parteien darauf, diese Diskussion nicht in ihre Parteien schwappen zu lassen.

Bei näherem Hinsehen ist das Modell eines Grundeinkommens – mit oder ohne Bedingungen – sehr flexibel. Zwischen den verschiedenen Vorstellungen ist aus Sicht eines Gesamtkonzepts nur ein geringer Unterschied. Egal, ob das Kind Grundeinkommen, Bürgergeld, negative Einkommensteuer oder Garantiesicherung genannt wird, technisch-organisatorisch sind die Unterschiede gering. Aber statt gemeinsam an der Erarbeitung und Umsetzung eines Gesamtkonzepts zu arbeiten, bleiben alle lieber in ihren bekannten Schützengräben.

Ich verwende den Begriff „Grundeinkommen" als **Leitbegriff**. Dieser Begriff hat sich durchgesetzt. Die ausführliche Begründung folgt im Kapitel über die Begrifflichkeit. Mit dem Begriff ist aber kein bestimmtes Modell gewählt. Mir geht es in diesem Buch nicht darum, ein spezielles Modell zu favorisieren und zu begründen, sondern um ein **Gesamtkonzept**. Darüber hinaus möchte den Leserinnen und Lesern einen kompakten **Überblick** zu den unterschiedlichen Fachthemen und den vielfältigen Diskussionen geben.

Mein Anliegen ist ein einfaches, integriertes Verfahren, um ein Grundeinkommen gestalten zu können. Die einzelnen Parameter wie die Höhe des Grundeinkommens oder die Anrechnung von eigenem Einkommen sollen unkompliziert eingestellt werden können. Die Digitalisierung ermöglicht es uns, ein flexibles System zu entwickeln, das einfach und benutzerfreundlich zu bedienen ist – für Verwaltung, Politik und die betroffenen Bürger.

In nur einer Minute.

1 Historie

Die Idee eines Grundeinkommens hat eine lange Historie. Aber erst seit den 1960er Jahren nimmt sie Fahrt auf, als Milton Friedman die **negative Einkommensteuer**[1] vorschlägt. In seinem 1962 veröffentlichten Buch „Capitalism and Freedom" fordert Friedman ein effizientes und effektives Wohlfahrtsmodell. Mit der negativen Einkommensteuer könnten andere sozialstaatlichen Zahlungen entfallen. Zugleich würde die Motivation, die eigene Situation zu verbessern („Free to choose"), nicht gänzlich abgetötet werden. In den USA wurde 1975 die Earned Income Tax Credit (EITC)[2] beschlossen, das bis heute Niedriglöhne ohne Bedürftigkeitsprüfung anteilig erhöht (Lohnauffüllung).

1.1. Negative Einkommensteuer

Als Urheberin der Idee einer negativen Einkommensteuer gilt die britische Politikerin Juliet Rhys-Williams anfangs der 1940er Jahre. Bei der negativen Einkommensteuer wird ein Grundeinkommen, z.B. das Existenzminimum, festgelegt. Liegt das eigene Einkommen oberhalb des Wertes (positiver Bereich), so zahlt man Steuern. Liegt man unterhalb des Grundeinkommens (negativer Bereich), so erhält man Geld, die **Negativsteuer**.

Bei „positiver" Steuer zahlt man einen prozentualen Anteil des Einkommens als Steuer. Analog wird bei der Negativsteuer das eigene Einkommen nur anteilig verrechnet. Eigenes Einkommen wird auch als Markteinkommen (ME) oder Erwerbseinkommen bezeichnet. Unterstützungsgeld aus öffentlichen Zahlungen wird als Transfereinkommen bezeichnet, ggf. auch als Transferleistung oder Transferzahlung. Die Summe aus Markteinkom-

[1] Man beachte, dass die Einkommensteuer auch die Lohnsteuer umfasst. Die Lohnsteuer ist durch Abzug vom Arbeitslohn nur eine besondere Erhebungsform der Einkommensteuer. https://www.gesetze-im-internet.de/estg/__38.html

[2] https://de.wikipedia.org/wiki/Lohnauffüllung

men und dem Transfereinkommen ist das verfügbare Einkommen (VE).

Bei einem stark vereinfachten Beispiel mit monatlich 1.000 Euro als Grundeinkommen und 50 % Steuersatz sieht die Rechnung für den positiven oder negativen Steuertransfer wie folgt aus:

Steuertransfer (ST) = Markteinkommen (ME) * Steuersatz 50 %
- Grundeinkommen (GE) 1.000 Euro

ME	Steuersatz 50 %	GE	ST = Steuer - GE	VE = ME - ST
0	0	1.000	**-1.000**	1.000
500	250	1.000	**-750**	1.250
1.000	500	1.000	**-500**	1.500
1.500	750	1.000	**-250**	1.750
2.000	1.000	1.000	**0**	2.000
3.000	1.500	1.000	**500**	2.500
5.000	2.500	1.000	**1.500**	3.500

Die vierte Spalte (ST) ergibt den Zahlbetrag zwischen Bürger und Finanzamt, die fünfte Spalte schließlich das verfügbare Einkommen (VE).

Negative Transferbeträge (im Beispiel die ersten 4 Zeilen) erhält ein Bürger ausbezahlt, positive Beträge (im Beispiel die letzten beiden Zeilen) muss ein Steuerzahler an das Finanzamt überweisen. Bei 2.000 Euro Markteinkommen (fünfte Zeile) liegt im Beispiel die Grenze zwischen negativen und positiven Steuern.

In den 1970er Jahren wurden vor allem in den USA einige Experimente mit der negativen Einkommensteuer durchgeführt, die jeweils rund 1.000 bis 5.000 Personen umfasste. Aber auch andere Länder beschäftigten sich mit der negativen Einkommensteuer.

Historie

- 1514 schlägt **Thomas Morus** in seinem Roman Utopia ein Grundeinkommen vor, um Diebstahl vorzubeugen.
- In der Folgezeit gibt es immer wieder verschiedene Vorschläge für ein Grundeinkommen.[3]
- 1942 wirbt die Britin **Juliet Rhys-Williams** für ein Grundeinkommen mit negativer Einkommensteuer (social dividend).
- 1962 schlägt **Milton Friedman** die negative Einkommensteuer (poverty gap) vor.
- 1974-1977 experimentiert der Ort **Dauphin** in Kanada unter der Bezeichnung Mincome mit einem Grundeinkommen bei 50 % Anrechnung von eigenem Einkommen.
- 1974 entwickelt **Prof. Dr. Joachim Mitschke** das Konzept für ein Bürgergeld.
- 1994 beschließt die **FDP** im Bundestagswahlprogramm das Bürgergeldsystem im Sinne einer negativen Einkommensteuer („Negativsteuer") mit 50 % Anrechnung.[4]
- 2005 setzt sich **Götz Werner**, Gründer von dm drogeriemarkt, für ein bedingungsloses Grundeinkommen ohne Anrechnung eigenen Einkommens bei Abschaffung der Ertragssteuern ein.
- 2006 stellt **Dieter Althaus** (CDU) das Konzept „solidarisches Bürgergeld" vor, ein Grundeinkommen von 600 Euro (Kinder 300 Euro) mit einer 50 % Anrechnung von eigenem Einkommen.[5]
- 2019 beschließt die **SPD** ein ebenfalls als Bürgergeld bezeichnetes verbessertes Hartz IV bei einer zweijährigen Schonfrist für Vermögensanrechnung und einem längeren Bezug von ALG I.
- 2020 beschließen die **Grünen** ein Grundsatzprogramm mit einer Garantiesicherung, falls Einkommen und Vermögen nicht ausreichen, eine Art Hartz IV ohne Sanktionen.[6]

[3] https://ubi-europe.net/ubi/brief-history-basic-income-ideas

[4] https://www.freiheit.org/wahlprogramme-der-fdp-zu-den-bundestagswahlen

[5] https://www.kas.de/de/einzeltitel/-/content/das-solidarische-buergergeld

[6] https://antraege.gruene.de/45bdk/kapitel_6_solidaritaet_sichern-33969

Bekannt ist das 1974 in dem kanadischen Ort **Dauphin** mit rund 10.000 Einwohnern durchgeführte Experiment unter der Bezeichnung Mincome mit 50 % Anrechnung. Die negative Einkommensteuer wurde nahezu perfekt durchgeführt. Erst 2011 veröffentlichte Dr. Forget eine Auswertung, die positive Folgen auf Schulausbildung und Gesundheit zeigte.[7]

1.2. Bürgergeld

Ebenfalls in den 1970er Jahren entwickelte Prof. Dr. Joachim Mitschke gemeinsam mit Prof. Dr. Wolfram Engels und Dr. Bernd Starkloff das Bürgergeld. Dieses basiert auf dem Prinzip der negativen Einkommensteuer mit 50 % Anrechnung auf das eigene Einkommen. Neu ist der Begriff: Bürgergeld. Mitschke hat in zahlreichen Schriften die Steuer- und Transferordnung aus einem Guss ausgelotet und vertieft.

Die FDP präsentierte das Bürgergeld-Konzept in ihrem Bundestagswahlprogramm 1994 erstmalig und eingehend.[8] Im folgenden Koalitionsvertrag 1994 vereinbarten CDU/CSU und FDP eine **Expertenkommission**, die die Integration von Einkommensbesteuerung und steuerfinanzierten Sozialleistungen prüfen sollte.

Diese untersuchte die verschiedenen Facetten des Sozialsystems sowie die Möglichkeiten und Auswirkungen eines Bürgergeld-Systems. 1996 legte die Kommission ihren Bericht vor.[9] Tenor der Ergebnisse war, dass eine direkte und einfache Umsetzung des Bürgergeldsystems nicht möglich sei. Zu komplex sei die Lage und zu zahlreich die Hürden.

Stattdessen empfahl die Kommission, eine schrittweise Annäherung der Systeme und eine Koordination der Verwaltungen.

[7] Mehr dazu siehe im Anhang in den Kapiteln „Evelyn L. Forget" und „Dauphin in Kanada"

[8] Mehr dazu siehe im Anhang im Kapitel „FDP"

[9] Probleme einer Integration von Einkommensbesteuerung und steuerfinanzierten Sozialleistungen: Gutachten der Experten-Kommission „Alternative Steuer-Transfer-Systeme", Stollfuß Verlag Bonn 1996, Schriftenreihe des Bundesministeriums der Finanzen Heft 59

Koalitionsvertrag CDU/CSU und FDP 1994
Auszug:[10]

„Um soziale Hilfe zielgenauer zu leisten, Anreize für reguläre Erwerbsarbeit zu stärken und Sozialbürokratie abzubauen, soll eine Expertenkommission entsprechende Lösungsvorschläge prüfen. Dazu gehört auch das Konzept eines sog. Bürgergeldsystems, in dem Einkommensbesteuerung und steuerfinanzierte Sozialleistungen zusammengefasst würden. Der Bericht soll im Frühjahr 1996 vorgelegt werden.

Die Koalition vereinbart die Einsetzung einer Regierungs-Kommission mit Beteiligung von Experten zur systematischen Durchleuchtung des gesamten Systems sozialer Transferleistungen. Die Kommission soll Wechselwirkungen zwischen Arbeits- und Sozialeinkommen aufzeigen, kumulative und gegenläufige Effekte untersuchen, die Verteilungs- und Transferwirkungen überprüfen sowie Hinweise zur Harmonisierung der verschiedenen Einkommensbegriffe geben."

So sei beispielsweise eine einheitliche Bemessungsgrundlage und Einkommensermittlung kaum möglich, weil Leistungsfähigkeit und Bedürftigkeit sich zu stark unterscheiden. Aber sehr wohl sei es möglich, die Berechnungen in einem Vorgang zusammenzuführen und ein gemeinsames Rechenschema zu definieren. Damit würde die Gesamtrechnung übersichtlicher, besser vergleichbar und Unterschiede könnten auf ihren Sinngehalt überprüft werden.

Auch sei es schon verfassungsrechtlich schwierig, alle Ämter in einem zentralen Steuertransferamt zusammenzuführen. Jedoch könne durch eine stärkere Koordination der Ämter eine entsprechende Realisierung auch im heutigen System dargestellt werden.

[10] https://www.kas.de/de/web/geschichte-der-cdu/koalitionsvertraege Seite 24

Ebenso kritisch bewertet die Kommission die fiskalische Wirkung. Das Bürgergeldsystem würde die Transferleistungen ausweiten und die Staatsfinanzen erheblich belasten. Dies wäre besonders dann gegeben, wenn das einheitliche Bürgergeld pauschaliert eine Vielzahl von Ansprüchen zusammenführenwürde.[11]

Die Kommission empfahl schließlich, das **Bürgergeld-Konzept als Leitbild** zu betrachten. Die Ziele seien in weniger radikalen Schritten im herrschenden Steuertransfersystem realisierbar.

Weiterhin empfahl die Kommission, ein Sozialtransferamt einzuführen, das steuerfinanzierte Sozialtransfers verwaltet. Die Einkommensermittlung sollte nach einheitlichen Grundsätzen erfolgen. Belastungssprünge bei veränderten Einkommen oder gar „Umkippeffekte" sollten vermieden werden.

In der Koalition hatte das Ergebnis der Kommission praktisch ein Ende der Reformbemühungen zur Folge. Bundeskanzler Helmut Kohl galt Mitte der Legislaturperiode als unanfechtbar und war intensiv mit den Verhandlungen zum europäischen Währungssystem beschäftigt. Die Koalitionäre konzentrierten sich auf die geplante, aber dann gescheiterte Steuerreform 1997[12]. Bei der Bundestagswahl 1998 verlor die Koalition von CDU/CSU und FDP ihre Mehrheit. Die neue rot-grüne Regierung unter Bundeskanzler Gerhard Schröder entwickelte eine eigene Agenda, die Agenda 2010 mit den Hartz-Reformen als Herzstück.

1.3. Hartz Reformen

Unter Leitung von VW-Vorstandsmitglied Peter Hartz wurde Anfang 2002 von der rot-grünen Bundesregierung eine Kommission eingesetzt, um die Arbeitsmarktpolitik effizienter zu gestalten.

[11] Deshalb wird im Konzept eine Kombination aus Basisbetrag und Zulagen vorgeschlagen.

[12] https://www.reformkompass.de/de/fallstudien/grosse-steuerreform

Wesentliche Ergebnisse in vier Gesetzen I bis IV waren:

- Gleichstellung von Leiharbeitern
- Minijob und Midijob
- Ich-AG
- Einrichtung von Jobcentern
- Umbau der Bundesanstalt für Arbeit (Arbeitsamt) in die Bundesagentur für Arbeit
- Zusammenführung von Arbeitslosenhilfe (BfA) und Sozialhilfe für Erwerbsfähige zum Arbeitslosengeld II (ALG II)

In dem „**Vierten Gesetz für moderne Dienstleistungen am Arbeitsmarkt**"[13] führten Bündnis 90 / Die Grünen und die SPD ab dem 1.1.2005 die Arbeitslosenhilfe und Sozialhilfe zu einer „**Grundsicherung für Arbeitssuchende**", kurz Arbeitslosengeld II (ALG II), zusammen, besser bekannt als **Hartz IV**. Zur weiteren Begriffsverwirrung wird auch von „**Leistung nach SGB II**" gesprochen, weil es im Sozialgesetzbuch II[14] verankert ist. Für nichterwerbsfähige Personen einer Bedarfsgemeinschaft spricht das Gesetz von **Sozialgeld**.[15] Diese haben keinen eigenständigen Anspruch auf Leistungen. Der Anspruch leitet sich vielmehr von einer erwerbsfähigen und leistungsberechtigten Person ab, mit der sie in einer Bedarfsgemeinschaft leben.[16]

GRUNDSICHERUNG FÜR ARBEITSSUCHENDE
HARTZ IV ALG II SGB II
ARBEITSLOSENGELD II
SOZIALGELD

Das **Arbeitslosengeld I** erhalten Arbeitslose aus der Arbeitslosenversicherung für 6 bis 24 Monate, je nach Versicherungsdauer und Alter. Es beträgt 60 % vom letzten Nettogehalt, mit Kindern 67 %, unabhängig von eigenem Vermögen. Die Details sind, wie in Deutschland üblich, noch differenzierter.[17]

[13] http://dipbt.bundestag.de/extrakt/ba/WP15/968/96840.html

[14] https://www.gesetze-im-internet.de/sgb_2/

[15] https://www.gesetze-im-internet.de/sgb_2/__19.html

[16] https://www.gesetze-im-internet.de/sgb_2/__7.html

[17] https://www.arbeitsagentur.de/finanzielle-hilfen/arbeitslosengeld-anspruch-hoehe-dauer

Arbeitslosengeld II wird aus Steuermitteln finanziert und nachrangig gezahlt, wenn eigenes Vermögen oder Einnahmen nicht zur Existenzsicherung ausreichen. Der Regelbedarf von ALG II beträgt für eine alleinstehende Person monatlich 446 Euro ab dem 1. Januar 2021[18]. Aufgeschlüsselt nach den **Abteilungen** (Abt.) der Einkommens- und Verbrauchsstichprobe 2018 [19] entspricht dies[20]:

Abt.	Bedarf	Betrag	Pro Tag[21]	Anteil
1, 2	Nahrung, Getränke, Tabakwaren	154,81 €	5,16 €	34,71 %
3	Bekleidung, Schuhe	37,02 €	1,23 €	8,30 %
4	Wohnungsmieten, Energie, Wohninstandhaltung	37,82 €	1,26 €	8,48 %
5	Innenausstattung, Haushaltsgeräte und -gegenstände, laufende Haushaltsführung	27,17 €	0,91 €	6,09 %
6	Gesundheitspflege	17,03 €	0,57 €	3,82 %
7	Verkehr	40,01 €	1,33 €	8,97 %
8	Post und Telekommunikation	39,89 €	1,33 €	8,94 %
9	Freizeit, Unterhaltung, Kultur	43,53 €	1,45 €	9,76 %
10	Bildungswesen	1,61 €	0,05 €	0,36 %
11	Beherbergungs- und Gaststättendienstleistungen	11,65 €	0,39 €	2,61 %
12	andere Waren und Dienstleistungen	35,60 €	1,19 €	7,98 %

18 https://www.bmas.de/DE/Arbeit/Grundsicherung-Arbeitslosengeld-II/Arbeitslosengeld-II/arbeitslosengeld-2.html

19 http://dipbt.bundestag.de/extrakt/ba/WP19/2663/266352.html

20 https://www.gesetze-im-internet.de/rbeg_2021/__7.html in der Summe abgerundet

21 Berechnung für 30 Tage

Volljährige Partner erhalten 401 Euro, Kinder je nach Altersgruppe zwischen 283 Euro und 357 Euro.

Unterkunft und Heizung werden in „angemessener Höhe" übernommen.[22] Was als angemessen gilt, muss vom Jobcenter in einem schlüssigen Konzept[23] dargelegt werden und hängt von verschiedenen Faktoren ab, beispielsweise von einem Mietspiegel und der Zahl der Personen einer Bedarfsgemeinschaft.

Mehrbedarfe werden u.a. bei Behinderung, für Alleinerziehende und Schwangere gewährt. Einmalige Leistungen erfolgen beispielsweise bei Gründung eines Haushalts oder besonderen medizinischen Bedarf.

Liegt das ALG I unterhalb dem Existenzminimum, kann das ALG I parallel mit ALG II aufgestockt werden.

Die dauerhafte Kritik am ALG II[24] verstärkt die Diskussion über ein Grundeinkommen.

Zusammenfassung

- Die Geschichte des Grundeinkommens ist Jahrhunderte alt.
- Die negative Einkommensteuer verrechnet das eigene Einkommen mit dem Grundeinkommen nur anteilig.
- Das Bürgergeld-Konzept basiert auf der negativen Einkommensteuer und ist seit 1994 Teil der FDP-Programmatik.
- Die Grundsicherung für Arbeitssuchende (ALG II, Hartz-IV) ist Teil der Hartz-Reformen der rot-grünen Regierungszeit 1998-2005.

[22] https://www.gesetze-im-internet.de/sgb_2/__22.html

[23] https://www.bsg.bund.de/SharedDocs/Entscheidungen/DE/2020/2020_09_17_B_04_AS_11_20_R.html

[24] https://www.reformkompass.de/de/fallstudien/agenda-2010

2 Prinzipien

Ein Grundeinkommen umfasst eine Reihe von Prinzipien, die unterschiedlich diskutiert werden und nachfolgend zusammengefasst sind:

2.1. Zusammenführung verschiedener Transferleistungen

Die Zusammenführung verschiedener Transferleistungen zu einem System ist unstrittig, weil es notwendige Voraussetzung für ein Grundeinkommen ist. Offen ist allerdings die Reichweite. Im engeren Sinne umfasst das Grundeinkommen nur **bedarfsabhängige und steuerfinanzierte Transfers** wie die Grundsicherung, Kindergeld und Wohngeld, aber auch nicht zwingend alle.

Weitergehend könnte ein Grundeinkommen auch **beitragsfinanzierte** Systeme wie Altersvorsorge und Gesundheitsversicherung (Krankheit, Pflege, Unfall) integrieren.[25] Schon wegen der Grundsicherung im Alter gilt es, die Altersvorsorge zumindest in den Betrachtungen zu berücksichtigen und miteinander abzustimmen.

2.2. Das Finanzamt als zentrale Finanzinstanz

Zur Vereinfachung wird das Finanzamt als zentrale Drehscheibe für Finanztransfers zuständig. Alternativ schlug die Bürgergeld-Kommission neben den Finanzbehörden ein Sozialtransferamt für die Zahlungen **an** die Bürger vor.

[25] https://blogs.sub.uni-hamburg.de/hup/products-page/publikationen/8/ S. 15ff

2.3. Existenzminimum als Mindestabdeckung

Das Existenzminimum zu sichern, ist Konsens und von der Verfassung geboten. Es gibt allerdings auch die Ansicht, dass das Grundeinkommen höher als das Existenzminimum sein müsse. Wie hoch, darüber gehen die Meinungen auseinander.

2.4. Einkommensanrechnung versus Bedingungslosigkeit

Eigenes Einkommen wird mit dem Grundeinkommen automatisch verrechnet. Zu welchem Anteil die Anrechnung erfolgt, ist Teil einer intensiven Diskussion.

Die **Extremfälle** sind die vollständige Anrechnung und der Verzicht auf jegliche Anrechnung. Ein Grundeinkommen mit **voller Anrechnung** von Eigeneinkommen entspricht im Wesentlichen der heutige Situation:

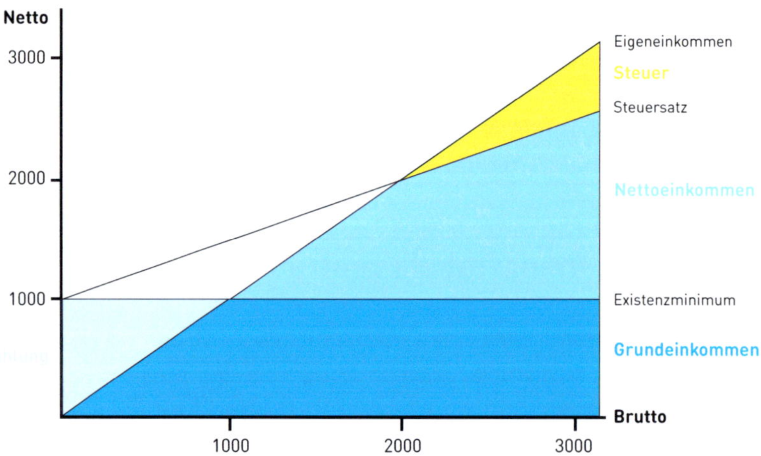

Bis zur Unterstützungsgrenze (im Beispiel 1.000 Euro) wird jeder selbst verdiente Euro vom Grundeinkommen abgezogen. Eigene Leistung lohnt sich erst, wenn das Eigeneinkommen das Grundeinkommen überschreitet.

Das Gegenteil davon ist die Auszahlung des Grundeinkommens **ohne jede Anrechnung** auf eigenes Einkommen. Sie findet zunehmend Anhänger und wird meist mit dem Begriff des „bedingungslosen Grundeinkommens" gleichgesetzt. Dabei wird ein pauschaler Sockelbetrag (Kopfpauschale) an jeden Bürger ausgezahlt, im Beispiel ebenfalls 1.000 Euro. Auf diesem Sockel aufbauend erfolgt die normale Besteuerung des Eigeneinkommens:

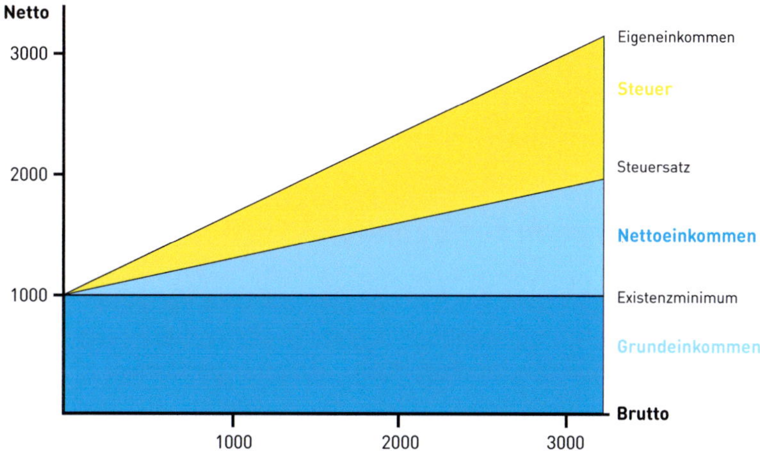

Für die negative Einkommensteuer wird typischerweise die Mitte mit **50% Anrechnung** favorisiert. Die Unterstützung, wieder beispielhaft 1.000 Euro, verläuft gleitend und endet erst bei 2.000 Euro.

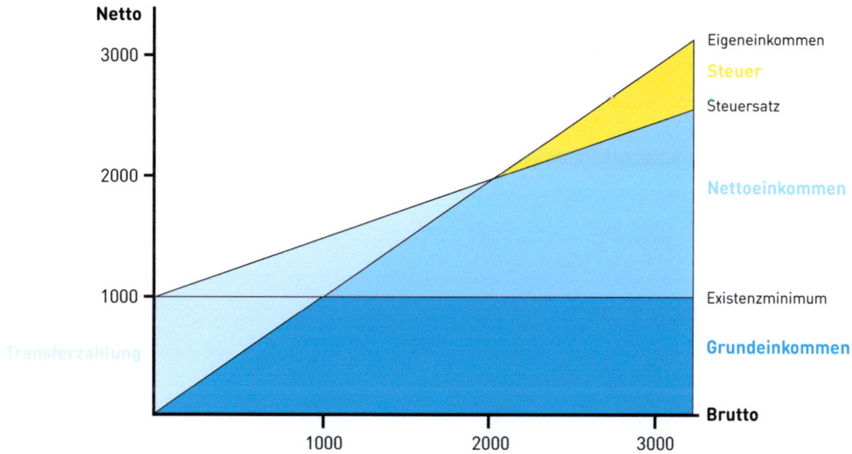

2.5. Integrierte Bedürftigkeitsprüfung

Die Bedürftigkeitsprüfung ist bei einer Verrechnung mit eigenem Einkommen bereits **systemimmanent** eingebaut. Sie hängt in diesem Fall nur vom eigenen Einkommen ab, ggf. bei Kindern noch vom Alter. Beim bedingungslosen Grundeinkommen wird auf eine Anrechnung verzichtet und in der Folge erübrigt sich die Bedürftigkeitsprüfung für den Basisbetrag, nicht jedoch für Mehrbedarfe. Im heutigen System der Grundsicherung erstreckt sich die Prüfung auch auf das Vermögen und die Angemessenheit des Konsums. In einem Grundeinkommenssystem wären solche weitergehenden Prüfungen konzeptionell möglich, sofern politisch gewünscht.

2.6. Motivation vor Sanktion

Im System von Hartz IV (ALG II) wird fehlerhaftes Verhalten durch Kürzungen sanktioniert. Insbesondere besteht bei Erwerbsfähigen die Pflicht zur Arbeitsaufnahme. Ein direkter Zwang ist aufgrund Artikel 12 des Grundgesetzes nicht möglich, gab es aber in der Weimarer Zeit[26] und bot dem Nationalsozialismus die Grundlage für Arbeitslager und Konzentrationslager.[27]

Grundgesetz

Art 12 (2) Niemand darf zu einer bestimmten Arbeit gezwungen werden, außer im Rahmen einer herkömmlichen allgemeinen, für alle gleichen öffentlichen Dienstleistungspflicht.[28]

[26] https://www.bundesverfassungsgericht.de/e/ls20191105_1bvl000716.html Rn. 4

[27] https://www.bundesverfassungsgericht.de/e/ls20191105_1bvl000716.html Rn. 7

[28] https://www.gesetze-im-internet.de/gg/art_12.html

Das Bundesverfassungsgericht schränkte die Möglichkeiten der Sanktionierung des Existenzminimums mit seinem Urteil von 2019[29] deutlich ein.

Das Grundmotiv einer negativen Einkommensteuer geht noch einen Schritt weiter und setzt auf Ermutigung im Sinne von „Leistung soll sich lohnen", der Wechsel **von Sanktion zu Motivation**.

Zusammenfassung

- Verschiedene Transferleistungen werden zu einem Gesamtsystem zusammengefasst.
- Das Finanzamt fungiert als zentrale Instanz.
- Mindestens das Existenzminimum muss als absoluter Anspruch abgedeckt werden.
- Die Anrechnung von Eigeneinkommen erfolgt anteilig. Extremfälle sind die vollständige Anrechnung und der Verzicht auf Anrechnung (bedingungslos).
- Eine Bedürftigkeitsprüfung ist durch die anteilige Berechnung integriert. Die Prüfung kann optional erweitert werden. Bei Verzicht auf eine Anrechnung erübrigt sich die Prüfung zumindest für den Basisbetrag.
- Motivation vor Sanktion ist das Ziel.

[29] https://www.bundesverfassungsgericht.de/e/ls20191105_1bvl000716.html

3 Menschenwürde

Es besteht ein Anspruch auf ein Grundeinkommen in Höhe des Existenzminimums, denn das Grundgesetz gebietet es, jedem Menschen ein Existenzminimum zu sichern. Diese Absicherung ist grundsätzlich ohne Bedingungen zu erfüllen. Artikel 1 (1) in Verbindung mit Artikel 20 (1) setzen den Rahmen für ein Existenzminimum als Grundrecht ohne Gegenleistung.

Grundgesetz

Art 1 (1) Die Würde des Menschen ist unantastbar. Sie zu achten und zu schützen ist Verpflichtung aller staatlichen Gewalt.[30]
Art 20 (1) Die Bundesrepublik Deutschland ist ein demokratischer und sozialer Bundesstaat.[31]

3.1. Menschenwürdiges Existenzminimum

Das Bundesverfassungsgericht leitet aus dem Grundgesetz ein „menschenwürdiges Existenzminimum" ab. Dazu legt das Gericht in seinen Urteilen von 2010 und 2019[32] fest:

1. Das menschenwürdige Existenzminimum ist ein **absoluter Anspruch**, der jedem Menschen ohne Gegenleistung zusteht.
2. Dieser Anspruch kann auch durch „unwürdiges" Verhalten nicht verwirkt werden.
3. Der Anspruchsumfang muss **realitätsgerecht** und nachvollziehbar berechnet werden.

[30] https://www.gesetze-im-internet.de/gg/art_1.html

[31] https://www.gesetze-im-internet.de/gg/art_20.html

[32] Siehe Anhang Kapitel "Bundesverfassungsgericht"

4. Der Anspruch gewährleistet das gesamte Existenzminimum, zum einen die physische Existenz des Menschen, also Nahrung, Kleidung, Hausrat, Unterkunft, Heizung, Hygiene und Gesundheit, zum anderen das soziokulturelle Existenzminimum zur Pflege zwischenmenschlicher Beziehungen und zu einem Mindestmaß an Teilhabe am gesellschaftlichen, kulturellen und politischen Leben.
5. Der Gesetzgeber kann den Anspruch **nachrangig** gewähren, also wenn Menschen ihre Existenz nicht vorrangig selbst (etwa durch Arbeit) sichern können.
6. Der Gesetzgeber kann zur **Mitwirkung** an der Überwindung der Bedürftigkeit verpflichten. **Sanktionen**, die das Existenzminimum berühren, sind jedoch sehr enge Grenzen gesetzt.
7. Fehlt die Mitwirkung grundlegend, wie die Beibringung von Unterlagen für den Antrag, kann die Leistung aber versagt werden.
8. Ob der Gesetzgeber das Existenzminimum durch Geld-, Sach- oder Dienstleistungen[33] sichert, bleibt grundsätzlich ihm überlassen.

Das menschenwürdige Existenzminimum besteht also aus folgenden Elementen:

- **Physische Existenz**
  - Körperliche Bedürfnisse: Nahrung, Kleidung, Hygiene
  - Wohnen: Unterkunft, Hausrat, Heizung
  - Gesundheit: Medizinische Versorgung
- **Soziokulturelle Teilhabe**

Die beiden Hauptteile gehören rechnerisch als Ganzes zum Existenzminimum und lassen sich daher laut Gericht **nicht** in einen physischen Kernbereich und einen sozialen Randbereich **aufspalten**. Was in der Summe als Existenzminimum normiert ist, kann nicht weiter reduziert werden.[34]

[33] https://www.gesetze-im-internet.de/sgb_2/__4.html

[34] https://www.bundesverfassungsgericht.de/e/ls20191105_1bvl000716.html Rn. 119 und Rn. 157

Aufgabe und Ziel der Grundsicherung für Arbeitsuchende

§ 1 (1) Die Grundsicherung für Arbeitsuchende soll es Leistungsberechtigten ermöglichen, ein Leben zu führen, das der **Würde des Menschen** entspricht.[35]

Als Grundrecht ist das menschenwürdige Existenzminimum also ohne Voraussetzung oder Gegenleistung zu gewähren.[36]

Es kann allerdings in einem gewissen Rahmen, wie andere Grundrechte auch, eingeschränkt werden, d.h. es kann nachrangig zum eigenen Einkommen gewährt werden und es kann in geringem Maße mit Sanktionen belastet werden. Darüber hinaus hat der Staat die Wahlfreiheit bei der Umsetzung, etwa Geld- oder Sachleistung.

Neben dem Grundgesetz und der Allgemeinen Erklärung der Menschenrechte bilden u.a. auch folgende Vereinbarungen einen rechtlichen Rahmen für die existenzielle Absicherung:

- Charta der Grundrechte der Europäischen Union, Artikel 34 – Soziale Sicherheit und soziale Unterstützung[37]
- Europäischen Sozialcharta des Europarats[38]
- Internationaler Pakt über wirtschaftliche, soziale und kulturelle Rechte der UN[39]

[35] https://www.gesetze-im-internet.de/sgb_2/__1.html

[36] https://www.bundesverfassungsgericht.de/e/ls20191105_1bvl000716.html Rn. 123

[37] https://fra.europa.eu/de/eu-charter/article/34-soziale-sicherheit-und-soziale-unterstuetzung

[38] https://www.coe.int/de/web/conventions/full-list/-/conventions/treaty/163

[39] https://www.ohchr.org/EN/HRBodies/CESCR/Pages/CESCRIndex.aspx

Vereinte Nationen
Allgemeine Erklärung der Menschenrechte
Auszüge[40]:

Artikel 3
Jeder hat das Recht auf Leben, Freiheit und Sicherheit der Person.

Artikel 22
Jeder hat als Mitglied der Gesellschaft das Recht auf soziale Sicherheit und Anspruch darauf, durch innerstaatliche Maßnahmen und internationale Zusammenarbeit sowie unter Berücksichtigung der Organisation und der Mittel jedes Staates in den Genuss der wirtschaftlichen, sozialen und kulturellen Rechte zu gelangen, die für seine Würde und die freie Entwicklung seiner Persönlichkeit unentbehrlich sind.

Artikel 25
1. Jeder hat das Recht auf einen Lebensstandard, der seine und seiner Familie Gesundheit und Wohl gewährleistet, einschließlich Nahrung, Kleidung, Wohnung, ärztliche Versorgung und notwendige soziale Leistungen, sowie das Recht auf Sicherheit im Falle von Arbeitslosigkeit, Krankheit, Invalidität oder Verwitwung, im Alter sowie bei anderweitigem Verlust seiner Unterhaltsmittel durch unverschuldete Umstände.
2. Mütter und Kinder haben Anspruch auf besondere Fürsorge und Unterstützung. Alle Kinder, eheliche wie außereheliche, genießen den gleichen sozialen Schutz.

3.1.1. Das Existenzminimum als Referenz

Im Sozialbereich spricht man vom **soziokulturellen** Existenzminimum. Im Schuldrecht gibt es das **pfändungsfreie** Existenzminimum[41]. Das Einkom-

[40] https://www.un.org/depts/german/menschenrechte/aemr.pdf
[41] https://www.gesetze-im-internet.de/zpo/__850c.html

mensteuerrecht verwendet die Bezeichnung **sächliches** Existenzminimum, das im Wesentlichen auf dem **menschenwürdigen** Existenzminimum basiert und als Grundfreibetrag[42] den Steuerpflichtigen mindestens dieses Einkommen steuerfrei stellt[43]. 2021 beträgt der jährliche Grundfreibetrag 9.744 Euro, 2011 betrug er 8.004 Euro.

> ***„Niemand soll unterhalb des Existenzminimums leben müssen."***
> Bündnis 90/Die Grünen Grundsatzprogramm 2020[44]

3.1.2. Instrumente der existenziellen Absicherung

In Deutschland erfolgt die existenzielle Absicherung im Wesentlichen über folgende Transferleistungen:

Mindestsicherung 2019	Anzahl Personen
Arbeitslosengeld II / Sozialgeld (SGB II)	5,281 Mio.
Grundsicherung im Alter und bei Erwerbsminderung (SGB XII „Sozialhilfe")	1,085 Mio.
Asylbewerberleistungsgesetz (AsylbLG)	0,385 Mio.
Hilfe zum Lebensunterhalt außerhalb von Einrichtungen (SGB XII „Sozialhilfe")	0,113 Mio.
Summe	**6,864 Mio.**

42 https://www.gesetze-im-internet.de/estg/__32a.html

43 http://www.bverfg.de/e/ls19920925_2bvl000591.html

44 https://www.gruene.de/artikel/das-neue-grundsatzprogramm Kapitel 6

Die Zahl der Leistungsbezieher in der Mindestsicherung[45] betrug damit 2019 knapp 6,9 Mio. Menschen. Das ist mit 8,3 % Anteil an der Gesamtbevölkerung die niedrigste Quote seit 2006[46] bei sinkender Tendenz. Bedingt durch die COVID-19-Pandemie ist es aber möglich, dass dieser Trend gebrochen wird. Die Zahlen sagen natürlich nichts darüber aus, ob das System ausreichend ist, ob Menschen durch das Raster fallen und ob Menschen eher darin verharren oder schnell wieder den Auf- und Ausstieg schaffen. Neben diesen sozialen Mindestsicherungen sind vor allem noch Hilfe zum Lebensunterhalt innerhalb von Einrichtungen (232.000 Berechtigte)[47], Wohngeld (504.000 Haushalte)[48] und Kinderzuschlag (104.000 Berechtigte mit 301.000 Kinder)[49] zu erwähnen.

Bezug von ALG II (Zahlen gerundet, Stand 31.12.2019) [50]:

Personengruppe	Anzahl Personen
Bedarfsgemeinschaften (BG)	2,80 Mio.
Anteil BG mit Kindern unter 18 Jahren Das entspricht einem Anteil von 34,5 % aller BG.	0,97 Mio.
Personen in Bedarfsgemeinschaften (PERS) Das sind rund 2 Personen je BG.	5,55 Mio.
Anteil Leistungsberechtigte (LB)	5,33 Mio.
Anteil erwerbsfähige Leistungsberechtigte (ELB) Männer und Frauen etwa gleich viel; davon sind rund 0,5 Mio. Alleinerziehende.	3,74 Mio.
Anteil nicht erwerbsfähige Leistungsberechtigte (NEF) Das sind insbesondere Minderjährige.	1,54 Mio.

45 https://www.statistikportal.de/de/sbe/ergebnisse/mindestsicherung/b-12-empfaengerinnen-und-empfaenger-sozialer

46 https://www.destatis.de/DE/Presse/Pressemitteilungen/2020/10/PD20_434_228.html

47 https://www.destatis.de/DE/Themen/Gesellschaft-Umwelt/Soziales/Sozialhilfe/_inhalt.html

48 https://www.destatis.de/DE/Themen/Gesellschaft-Umwelt/Soziales/Wohngeld/_inhalt.html

49 https://statistik.arbeitsagentur.de/DE/Statischer-Content/Statistiken/Themen-im-Fokus/Familie-Kinder/Famka/Famka.html

50 https://statistik.arbeitsagentur.de/Statistikdaten/Detail/202004/iiia4/grund-lb/lb-d-0-202004-xlsx.xlsx

Eine **Bedarfsgemeinschaft**[51] ist ein Haushalt mit einer oder mehreren Personen. Eine Wohngemeinschaft bildet aber noch keine Bedarfsgemeinschaft. In einer Gemeinschaft wird das Einkommen nach Äquivalenzklassen gewichtet[52], da es in größeren Haushalten zu Einsparungen (Skaleneffekt) kommt und daher Einpersonenhaushalte mit Mehrpersonenhaushalte nicht eins zu eins vergleichbar sind. Ergebnis ist das sogenannte Äquivalenzeinkommen, der Anteil jeder Person am Haushaltseinkommen, den diese für einen Lebensstandard benötigt, der mit einer erwachsenen Einzelperson vergleichbar ist.

3.2. Armut und Armutsgefährdung

3.2.1. Relative Armut

Als armutsgefährdet[53] nach EU-Statistik gelten Personen, deren Einkommen weniger als **60 %** des mittleren Einkommens beträgt, genauer vom Median[54] des Netto-Äquivalenzeinkommens weniger als 60 %. Bei weniger als **40 %** sprechen die Statistiker von Armut. Als armutsgefährdet galten 2019 in Deutschland damit 15,9 %[55] der Bevölkerung bei einem Schwellenwert von 1.074 Euro für Alleinlebende.

Durch den relativen Abstand vom Einkommen sind selbst in einer wohlhabenden Gesellschaft Armutsgefährdete bzw. Arme definiert. Für eine politische Zielsetzung ist diese Definition problematisch, weil sich nur die Grenze verschieben lässt, aber Armut rechnerisch nicht beseitigt werden kann. **Relative Armut** misst die Verteilung von Einkommen, nicht jedoch einen existenziellen Bedarf.

[51] https://www.arbeitsagentur.de/lexikon/bedarfsgemeinschaft

[52] https://www.destatis.de/DE/Themen/Gesellschaft-Umwelt/Soziales/Sozialberichterstattung/Glossar/aequivalenzeinkommen.html

[53] https://www.armuts-und-reichtumsbericht.de/DE/Indikatoren/Armut/Armutsrisikoquote/armutsrisikoquote.html

[54] Median ist nicht der arithmetische Mittelwert (Durchschnitt), sondern der mittlere Wert einer Zahlenreihe.

[55] https://www.destatis.de/DE/Themen/Gesellschaft-Umwelt/Soziales/Sozialberichterstattung/Tabellen/liste-armutsgefaehrungsquote-bundeslaender.html

3.2.2. Einkommensarmut

Eine alternative Orientierung wäre der **Abstand zum menschenwürdigen Existenzminimum**. Beispielsweise könnte die Grenze für Armutsgefährdung beim Doppelten des menschenwürdigen Existenzminimums definiert werden. Die Grenze für Armut würde beim Existenzminimum liegen.

Dabei müssten auch persönliche Mehrbedarfe wie bei einer Behinderung oder regional hohe Mieten, etwa in München, berücksichtigt werden. Denn für den Einzelnen relevant ist letztlich, was er für sein Geld bekommt.

3.2.3. Kaufkraftarmut

Die Kaufkraft ist das Verhältnis von Einkommen zum Preisniveau und variiert schon innerhalb der EU um den Faktor drei[56]. Die **Kaufkraftarmut** deckt regionale Unterschiede auf.[57] In einer teuren Region kann ein niedriges Einkommen zur Armut führen, während man in einer anderen Gegend davon normal leben kann. Im Laufe der Zeit kann sich die Kaufkraft des Lebensmittelpunkts deutlich verändern. Ein Grundeinkommen kann lokale Besonderheiten über Zulagen (Mehrbedarfe) berücksichtigen.

3.2.4. Absolute Armut

Die Weltbank definiert **absolute Armut**, wenn einem Menschen kaufkraftbereinigt weniger als 1,90 US-Dollar pro Tag zur Verfügung stehen.[58] 1820 betraf das noch rund 80 % der Weltbevölkerung, Mitte der 1980er Jahre rund 35 %, heute etwa 8,5 %[59] [60].

56 https://de.statista.com/statistik/daten/studie/1202185

57 https://www.iwkoeln.de/studien/gutachten/beitrag/christoph-schroeder-regionale-einkommens-und-kaufkraftarmut.html

58 https://www.worldbank.org/en/topic/poverty/brief/global-poverty-line-faq

59 https://de.irefeurope.org/Diskussionsbeitrage/Artikel/article/Globale-Armut-Positive-Entwicklung-negative-Einschatzung

60 https://data.worldbank.org/topic/poverty

3.3. Wege in die Grundsicherung

Das Institut für Arbeitsmarkt- und Berufsforschung (IAB), eine Forschungseinrichtung der Bundesagentur für Arbeit, untersuchte 2010[61] die Ursachen für den Bezug von ALG II[62]:

- **Kritische Lebensereignisse**
  - 73 % Arbeitslosigkeit ist direkt oder indirekt die Ursache
  - 10 % Zuwachs im Haushalt
  - 9 % Auszug einer Person mit Einkommen

- **Ressourcenbezogene Ursachen**
  - 4 % gesundheitliche Probleme
  - 3 % Privatinsolvenz
  - 13 % Wegfall der Einnahmen außerhalb von Lohn und ALG, etwa Unterhaltszahlungen oder Krankengeld
  - 22 % Ersparnisse aufgebraucht

Nur rund ein Drittel der Neuzugänge bei ALG II hat vorher bereits ALG I bezogen.

Der paritätische Gesamtverband weist in seinem Armutsbericht darauf hin, dass diese Sichtweise auf die persönlichen Verhältnisse verzerrend wirkt. Die Mehrzahl der Armen (54 %) hat keinen Migrationshintergrund, 73 % der Armen besitzen die deutsche Staatsangehörigkeit. [63] Auch sind nur 7,7 % der Armen erwerbslos, 33 % dagegen erwerbstätig und 29,6 % in Rente.

Sinnvoll wäre es natürlich, den Weg in die Grundsicherung zu vermeiden. Der Kinderzuschlag ist ein Beispiel für ein präventives Instrument.[64] Die Sicherstellung eines Schul- und Berufsabschlusses wäre eine Prävention, die deutlich weiter vorne liegt. Der paritätische Gesamtverband warnt aber

[61] https://www.iab.de/194/section.aspx/Publikation/k121213301

[62] Mehrfachnennungen möglich, Werte gerundet

[63] http://www.der-paritaetische.de/schwerpunkt/armutsbericht/ S. 20

[64] https://www.iab.de/194/section.aspx/Publikation/k121213301

davor, dass Bildung und Arbeit zwar hilfreich auf dem Weg aus der Armut seien. Jedoch bis dahin müssten Kinder ihr Leben in Armut verbringen.[65]

Persönliche Verhältnisse	Anteil Zugänger ALG II	Anteil ohne ALG II
Ohne Schulabschluss	10,9 %	2,4 %
Ohne Berufsabschluss/ Anlernausbildung	35,2 %	13,8 %
Migrationshintergrund	38,2 %	17,9 %
Alleinstehend ohne Kinder	41,1 %	20,7 %
Alleinstehend mindestens ein Kind unter 3 Jahren	2,9 %	0,1 %
Alleinstehend mindestens ein Kind zwischen 3 und 14 Jahren	4,7 %	2,3 %

Die Tabelle basiert auf einer IAB-Erhebung von 2012 auszugsweise mit den Fällen, bei denen es einen besonders ausgeprägten Unterschied zwischen ALG II-Zugängern und der Bevölkerung ohne ALG II gibt.[66]

3.4. Wege aus der Grundsicherung

Die Faktoren für einen Übergang von Langzeitarbeitslosigkeit in die Beschäftigung untersuchte die IAB[67] 2019 und kam zu diesen Erfolgsbausteinen:

- Ausbau und die Weiterentwicklung konsequent personenbezogener und fallsensibler Beratungskonzepte und -prozesse, die langfristig angelegt sind.
- Verstärkte Förderung der sozialen Teilhabe wie Vereinsmitglied-

65 http://www.der-paritaetische.de/schwerpunkt/armutsbericht/ S. 26

66 https://www.iab.de/194/section.aspx/Publikation/k121213301

67 https://www.iab.de/194/section.aspx/Publikation/k191004j01

schaften, was das Selbstwertgefühl steigert und die Welt der Berufstätigen erschließt bzw. aufrechterhält.
- Schaffung von Gelegenheitsstrukturen für die persönliche Kontaktaufnahme zu potenziellen Arbeitgebern, z.B. Beschäftigungsbörsen oder regionalen Initiativen.

Diese Punkte zeigen, dass es vor allem auf die Entwicklung der Persönlichkeit und eines positiven Rahmens ankommt. Auch aus Sicht der Betriebe sind Soft Skills wie Zuverlässigkeit wichtiger als die fachliche Qualifikation.[68]

Da sich die fachlichen Anforderungen immer schneller ändern, wird dieser Trend sich noch verstärken. Laut dem paritätischen Gesamtverband sei die Politik aber viel zu sehr auf Arbeit als Instrument der Armutsbekämpfung fixiert, da nur 7,7 % der Armen erwerbslos seien.

3.5. Sanktionen im ALG II

Sanktionierte Verhaltenspflichten gab es im Sozialrecht schon in der Weimarer Zeit, in der Zeit des Nationalsozialismus und unter Geltung des Bundessozialhilfegesetzes. Die Reichsverordnung über die Fürsorgepflicht vom 13. Februar 1924 (RGBl I S. 100) ermöglichte in § 19 eine Verpflichtung zur gemeinnützigen Arbeit; § 20 der Reichsverordnung gab vor, dass in einer Anstalt unterzubringen sei, wer zwar arbeitsfähig war, aber infolge eines „sittlichen Verschuldens" selbst der öffentlichen Fürsorge anheimfiel oder Unterhaltsberechtigte dieser aussetzte, indem er beharrlich Arbeit ablehnte oder sich der Unterhaltspflicht entzog.[69]

Aus diesem Geist des Anstaltswesens[70] erwuchsen die Arbeitserziehungslager und Konzentrationslager im Nationalsozialismus.

[68] https://www.iab.de/194/section.aspx/Publikation/k180503303

[69] Zitiert aus https://www.bundesverfassungsgericht.de/e/ls20191105_1bvl000716.html Rn. 4 und 5

[70] Zur Geschichte der Arbeitshäuser, auch in der DDR, siehe https://de.wikipedia.org/wiki/Arbeitshaus

Etwa 3 % der Bezieher von Arbeitslosengeld II wurden 2019 sanktioniert.[71] Wie aus der Statistik der Arbeitsagentur zu ersehen ist, sind die überwiegende Zahl der Sanktionen wegen Versäumnis der Meldepflicht beim Träger zurückzuführen, also weil eine Person der Aufforderung, sich persönlich im Jobcenter zu melden, nicht nachgekommen ist.

Sanktionen gegen Leistungsempfänger in Deutschland[72]**:**

Sanktion	2019	2020
Meldeversäumnis beim Träger	624.635	126.329
Meldeversäumnis beim ärztlichen oder psychologischen Dienst	4.737	1.066
Weigerung Erfüllung der Pflichten der Eingliederungsvereinbarung	64.987	8.717
Weigerung Aufnahme oder Fortführung einer Arbeit, Ausbildung, AGH oder Maßnahme	63.466	14.248
Abbruch bzw. Anlass zum Abbruch einer Maßnahme	19.424	4.145
Verminderung von Einkommen bzw. Vermögen	1.104	335
Fortsetzung unwirtschaftlichen Verhaltens	276	76
Eintritt einer Sperrzeit oder Erlöschen des Anspruchs nach dem SGB III	15.588	10.563
Erfüllung der Voraussetzung für Eintritt einer Sperrzeit nach dem SGB III	12.594	5.633
Gesamtzahl neu festgestellter Sanktionen	**806.811**	**171.112**

71 https://de.statista.com/infografik/16630/zahl-der-hartz-iv-sanktionen/

72 https://statistik.arbeitsagentur.de/SiteGlobals/Forms/Suche/Einzelheftsuche_Formular.html?topic_f=sanktionen Dezember 2019 und Dezember 2020 jeweils Anzahl neu festgestellter Sanktionen

Bedingt durch das Urteil des Bundesverfassungsgerichts von 2019 und die Änderung der Sanktionspraxis während der COVID-19-Pandemie sank die Zahl der **Sanktionen 2020 auf nur noch rund ein Fünftel** im Vergleich zum Jahr 2019. Man könnte von einem flächendeckenden Feldversuch für die Abschaffung der Sanktionen sprechen.

Bündnis 90/Die Grünen und Die Linke haben 2018 im Deutschen Bundestag die Abschaffung der Sanktionen beantragt.[73] Die anderen Fraktionen haben dies abgelehnt.

Die IAB führte in einer Stellungnahme[74] dazu aus, dass **Sanktionen sowohl intendierte sinnvolle Folgen haben kann, wie auch unerwünschte**. Eine Studie habe u.a. gezeigt, dass die Beschäftigtenquoten der Sanktionierten je nach untersuchter Gruppe zwischen rund 2 und 8,6 Prozentpunkte höher als die Beschäftigtenquoten nicht sanktionierter Vergleichspersonen waren. Allerdings brachen auch je nach Höhe der Leistungsminderung 10 % bis 20 % den Kontakt zum Jobcenter ab.

Darüber hinaus gibt es eine **Grauzone**. Wenn beispielsweise jemand erst auf Aufforderung eine Lohnsteigerung nachweist, dann wird zwar eine Rückforderung von überzahlten Leistungen gestellt, aber eine Ordnungswidrigkeit oder gar Straftat wird vom Jobcenter in der Regel nicht verfolgt.

Die IAB empfahl, die Schärfe von Sanktionen nicht durch weitere Absenkung der Leistungshöhe zu vollziehen, sondern diese zu begrenzen und dafür die Sanktion zeitlich zu verlängern.

Das Bundesverfassungsgericht hat – zeitlich später – der schrittweisen Absenkung der Leistungshöhe eine deutliche Grenze gesetzt. Nur in einem engen Rahmen kann vorübergehend das Existenzminimum bis maximal 30% unterschritten werden.

[73] http://dipbt.bundestag.de/extrakt/ba/WP19/2345/234589.html

[74] https://www.iab.de/1969/section.aspx/Publikation/k180712301

Mögliche Wirkungen von Sanktionen[75]

Erwünscht	Unerwünscht
Personen kommen Pflichten nach	Abwärtsspirale bis in die Obdachlosigkeit
Prävention: Konformes Verhalten, um Sanktion zu vermeiden	Kontaktabbruch zum Jobcenter
Intensivere Bemühungen	Abdriften in die Schattenwirtschaft und Kriminalität
Schnellere Arbeitsaufnahme	Annahme irgendeiner Arbeit, Dequalifizierung
Sparsame Wirtschaftsführung	Verstärkte Verschuldung
Integration, insbesondere in die Arbeitswelt	Sozialer Rückzug
Gesundheit verbessern	Unzureichende Gesundheitsversorgung
Qualifikation erhöhen	Seelische Probleme
	Eingeschränkte Ernährung

Die **Praxis der Sanktionierung** erscheint laut Bundesverfassungsgericht[76] uneinheitlich und hängt Studien zufolge entscheidend vom jeweiligen Jobcenter ab. Weiterhin führt das Gericht aus, dass die Forschungslage uneinheitlich und die Datenlage unbefriedigend sei.

Ob verhängte Sanktionen die Mitwirkungsbereitschaft durch eine Intensivierung der Arbeitssuche erhöhen, ist laut Bundesverfassungsgericht bislang empirisch nicht belegt.

[75] Neben der IAB-Studie siehe auch https://www.bundesverfassungsgericht.de/e/ls20191105_1bvl000716.html Rn. 194

[76] https://www.bundesverfassungsgericht.de/e/ls20191105_1bvl000716.html Rn. 58

Gleiches gilt für die Frage, ob Sanktionen schon aufgrund ihrer Existenz die Mitwirkung positiv beeinflussen.[77] Weiterhin muss das Jobcenter in der Lage sein, Sanktionen zu vermeiden, wenn erkennbar ist, dass sie ihr Ziel nichterreichen.[78]

Je stärker der existenzielle Bereich von Sanktionen betroffen ist, desto stärker muss der Staat tragfähige Erkenntnisse über Eignung, Erforderlichkeit und Angemessenheit dieser Sanktionen belegen.[79]

Nicht die beste Lösung

„Das Bundesverfassungsgericht hat nicht die Aufgabe zu entscheiden, wie hoch ein Anspruch auf Leistungen zur Sicherung des Existenzminimums sein muss; es ist zudem nicht seine Aufgabe zu prüfen, ob der Gesetzgeber die gerechteste, zweckmäßigste und vernünftigste Lösung zur Erfüllung seiner Aufgaben gewählt hat. Das Grundgesetz verpflichtet den Gesetzgeber nicht, durch Einbeziehung aller denkbaren Faktoren eine optimale Bestimmung des Existenzminimums vorzunehmen; darum zu ringen ist vielmehr Sache der Politik."

Bundesverfassungsgericht 2019[80]

2019 legten Leistungsberechtigte 577.109 **Widersprüche** ein und erhoben 95.358 **Klagen**.[81] Rund einem Drittel der Widersprüche wurde stattgegeben, 8,2% der Klagen waren erfolgreich.

Das Sanktionssystem hat in sich einen großen Widerspruch. Zum einen sollen die Menschen Verantwortung übernehmen und mitwirken. Zum an-

[77] https://www.bundesverfassungsgericht.de/e/ls20191105_1bvl000716.html Rn. 61

[78] https://www.bundesverfassungsgericht.de/e/ls20191105_1bvl000716.html Rn. 176

[79] https://www.bundesverfassungsgericht.de/e/ls20191105_1bvl000716.html Rn. 134

[80] https://www.bundesverfassungsgericht.de/e/ls20191105_1bvl000716.html Rn. 122

[81] https://www.bpb.de/politik/innenpolitik/arbeitsmarktpolitik/317313/leistungen-der-grundsicherung

deren werden sie gesteuert und kontrolliert. Unternehmen wie dm drogeriemarkt oder Netflix haben eine Unternehmenskultur entwickelt, die auf Eigenverantwortung der Mitarbeiter setzt und abgeschafft, was diese steuert und kontrolliert. Unternehmen mit Vertrauenskultur haben diese Unternehmenskultur nicht über Nacht eingeschaltet, sondern sind einen Weg des Lernens zu einer solchen Kultur gegangen.

Es muss das Ziel sein, Sanktionen überflüssig zu machen, indem motivierende Rahmenbedingungen geschaffen werden. Dazu gehört auch, Wege aufzuzeigen und Möglichkeiten zu eröffnen, Hilfe zur Selbsthilfe zu intensivieren.

In Anbetracht der überschaubaren Zahl von 3 Prozent der Leistungsempfänger, die von Sanktionen betroffen sind und dem erheblichen Aufwand, wird das Sanktionssystem im politischen Raum überhöht und überbewertet. Das gilt sowohl für eine positive wie negative Betrachtung. In Anbetracht der verfassungsmäßigen Notwendigkeit, die Existenzsicherung sicherzustellen[82], sind Sanktionen Grenzen gesetzt. Diese Beschränktheit kann nur durch ein motivierendes und unterstützendes System überschritten werden.

> ***„Auch in einem vergleichsweise wohlhabenden Land wie Deutschland gibt es armutsbedingte Fehl- und Mangelernährung und sogar Hunger."***
>
> Zitat aus einem Gutachten des Wissenschaftlichen Beirats beim Bundesministerium für Ernährung und Landwirtschaft, Juni 2020[83]

[82] https://www.bundesverfassungsgericht.de/e/ls20191105_1bvl000716.html Rn. 123

[83] https://www.bmel.de/SharedDocs/Downloads/DE/_Ministerium/Beiraete/agrarpolitik/wbae-gutachten-nachhaltige-ernaehrung-kurzfassung.pdf

Zusammenfassung

- Das menschenwürdige Existenzminimum ist ein absoluter Anspruch, der jedem Menschen ohne Gegenleistung zusteht.
- Armut und Armutsgefährdung wird relativ zum Einkommen der Gesamtbevölkerung definiert, misst damit aber nur die Einkommensverteilung.
- Der Abstand zum Existenzminimum und die Kaufkraft wären bessere Instrumente.
- Die Wege in die Grundsicherung weisen zwar Schwerpunkte auf, es kann aber jeden treffen.
- Etwa 3 % der Leistungsbezieher von Arbeitslosengeld II werden sanktioniert, meist wegen Verstoß gegen die Meldepflicht.
- Sanktionierungen und ihre Praxis sind nicht die beste Lösung und stoßen an Grenzen.

4 Freiheit

Freiheit und Gemeinschaft, Subsidiarität und Solidarität, sind keine Gegensätze, sondern Wesen des Menschseins. Sie sind Ausdruck von Individualität eines Menschen ebenso wie Ausdruck des Menschen als soziales Wesen.

Subsidiarität
Eigenverantwortung ist das Ziel des Subsidiaritätsprinzips. Das bedeutet, dass die niedrigste Hierarchieebene eine Aufgabe lösen soll und nur falls das nicht gelingt, eine höhere Ebene eingreifen darf. Dies gilt auf der privaten Ebene (Individuum, Familie) ebenso wie bei den öffentlichen Institutionen (Kommune, Land, Bund).

4.1. Risikobereitschaft

Freiheit eröffnet die Chance, eigene Entscheidungen zu treffen. Es bedeutet aber auch zugleich die Notwendigkeit, sie zu treffen. Keine Entscheidung ist auch eine Entscheidung. Entscheidungen betreffen ihrer Natur nach immer die Zukunft und die ist bekanntlich mit Unsicherheit behaftet. Freiheit bedeutet deshalb immer, ein Risiko einzugehen, die Möglichkeit zu scheitern.

Eine Kultur der Freiheit, des Wagemuts und der Eigenverantwortung braucht einen unkomplizierten und verlässlichen Rahmen zur Absicherung. Wer ins Risiko geht, der kann unternehmerisch scheitern, der kann auch an den Anforderungen des Lebens scheitern. Aber er darf nicht existenziell scheitern. Ein Grundeinkommen ist eines der Instrumente für eine Kultur des Scheiterndürfens.

„Für uns Freie Demokraten sind der Wille zum Erfolg und der Mut zum Scheitern zwei Seiten einer Medaille."
FDP-Bundestagswahlprogramm 2017[84]

„Nur, wer sich abgesichert weiß, wird Risiken eingehen. Nur, wer Chancen hat, wird sich anstrengen."
SPD-Grundsatzprogramm 2007[85]

„Selbstbestimmtes Leben setzt wirtschaftliche Freiheit voraus."
Bündnis 90/Die Grünen Grundsatzprogramm 2020[86]

„Sozial sicher lebt, wer sich auf Solidarität verlassen kann, wem immer wieder Chancen eröffnet werden."
CDU-Grundsatzprogramm 2007[87]

4.2. Motivation

Ein Grundeinkommen setzt auf Motivation statt Sanktionen. Der Staat ist nicht mehr eine Bedrohung. Beratung und Förderung gegen den Willen des Betroffenen sind wenig aussichtsreich. Ohne Sanktionen sind Unterstützungsmaßnahmen eine Chance. Unabhängig davon, ob man ein Sanktionssystem für sinnvoll oder nicht sinnvoll hält, hat das Bundesverfassungsgericht Sanktionen so enge Grenzen gesetzt, dass Alternativen notwendig sind. Sie werden in einem gewissen Rahmen auch im heutigen ALG-System („Fördern und Fordern") angeboten.

Wenn man das eigene Einkommen nur zum Teil anrechnet, dann verbessert jede Erwerbstätigkeit die eigene Einnahmesituation. Ein Grundeinkommen bietet die Möglichkeit, schrittweise etwa aus längerer Krankheit

[84] https://www.freiheit.org/wahlprogramme-der-fdp-zu-den-bundestagswahlen

[85] https://www.spd.de/partei/organisation/das-grundsatzprogramm/

[86] https://www.gruene.de/artikel/das-neue-grundsatzprogramm

[87] https://www.cdu.de/grundsatzprogramm-2007

oder Berufsunfähigkeit eine Erwerbstätigkeit aufzunehmen. Es geht aber nicht nur um Motivation, sondern auch darum, die Menschen für ihren Aufstieg zu befähigen, sie in die Lage zu versetzen, ihr Leben selbstbestimmt zu führen.

Allerdings bestehen Grenzen sowohl für ein motivierendes wie sanktionierendes System. Viele Anspruchsberechtigte sind Kinder, Behinderte, Kranke und ältere Menschen, die einer Erwerbstätigkeit nicht nachgehen dürfen oder können. Dies gilt für rund die **Hälfte der heutigen Leistungsbezieher**. Auch fehlt eine Verzahnung mit anderen Sicherungssystemen, etwa dem der Berufsunfähigkeitsversicherung.

> ***„Der ermutigende Sozialstaat baut Brücken in eine Erwerbsbiographie und reißt bestehende Barrieren zwischen Arbeitslosigkeit und Arbeitsmarkt ein. Er vertraut dabei dem Einzelnen und bevormundet ihn nicht. Leistung muss sich für jeden lohnen."***
>
> Verantwortung für die Freiheit. Grundsatzprogramm der FDP 2012[88]

4.3. Megatrend Mensch

Das heutige Sanktionssystem ist Teil des Industriezeitalters mit seinen hierarchisch organisierten Unternehmen, die wie ein Uhrwerk organisiert sind. Entweder man ist ein funktionierendes Rädchen im Getriebe oder man fällt raus. Mit Druck wird man wieder in die Spur geführt. Alles dreht sich um das Produkt.

Im Dienstleistungszeitalter hängt eine Tätigkeit immer weniger von der Arbeitskraft allein ab, sondern zunehmend von der **Persönlichkeit**. Persönlichkeitsentwicklung ist ein Wachstumsmarkt. Je mehr die Digitalisierung alles durchdringt, desto mehr steht der Mensch als analoges, biologisches

[88] https://www.fdp.de/sites/default/files/uploads/2016/01/28/karlsruherfreiheitsthesen.pdf

und emotionales Wesen im Mittelpunkt. Nüchterne Digitaltechnologie trifft auf verschiedenartige Individuen. Natürliche Intelligenz begegnet künstlicher Intelligenz. Menschliche Begabung verschmilzt mit dem Potenzial digitaler Rechenmaschinen. Computer beschäftigen sich mit dem Menschen an sich, werden zunehmend sogar ein Teil davon. Der Mensch wird somit nicht mehr an Systeme angepasst, sondern Systeme an den Menschen. Der Mensch ist der Megatrend des Digitalzeitalters.

In diesem Umfeld ist der Schlüssel die Entwicklung der Persönlichkeit. Darauf einzuwirken, ist allerdings gerade nicht Aufgabe des Staates. Das Bundesverfassungsgericht stellte 2019 fest, dass es keine Vernunfthoheit staatlicher Organe gibt und vielmehr das Grundgesetz Respekt vor der autonomen Selbstbestimmung der Einzelnen fordert.[89]

Die Herausforderung für eine Arbeitsagentur ist in diesem Rahmen der Wandel von der Vermittlung von Arbeitskraft zur Vermittlung von Persönlichkeit.

Das Grundeinkommen adaptiert diese Entwicklung weg von der Organisation hin zum Menschen und bietet einen Schutzraum der eigenen Orientierung. Einen Schritt weiter steht die Frage im Raum: Was willst Du im Leben?

Die Perspektive dreht sich: Vom Objekt zum Subjekt, von der Nummer zum Menschen, von der Arbeit zur Person, von der Arbeitsagentur zur Personality-Agency.

4.4. Existenzgründung

Ein Grundeinkommen kann Hilfe sein, um eine Selbständigkeit zu begründen. Es ist gewissermaßen eine Einstiegsfinanzierung und zugleich Auffangnetz in einer unternehmerischen Krise.

[89] https://www.bundesverfassungsgericht.de/e/ls20191105_1bvl000716.html Rn. 127

Die ehemalige Ich-AG (Hartz II) ging 2006 in dem neu geschaffenen Gründungszuschuss auf[90]. Der Gründungszuschuss[91] der Arbeitsagentur ist ein Instrument zur Existenzgründung, aber im Gegensatz zur Grundsicherung ohne Rechtsanspruch.

Eine Studie für das Bundeswirtschaftsministerium von 2013 empfiehlt: *Für Arbeitslose sollte eine Basissicherung (wie der Gründungszuschuss) weniger restriktiv bewilligt werden, um „Arbeitslosen" die Möglichkeit zu geben, auszutesten, ob die unternehmerische Selbstständigkeit eine qualitativ hochwertige Erwerbsalternative für die jeweilige Person darstellt.*[92]

Vor allem im Rahmen des „bedingungslosen Grundeinkommens" wird die Förderung von Existenzgründungen durch das Grundeinkommen diskutiert.[93] Dabei ist ein Verzicht auf eine Anrechnung von Eigeneinkommen nicht einmal erforderlich. Viel wichtiger ist, dass das Grundeinkommen flexibel und unkompliziert verfügbar ist. Was ein Grundeinkommen nicht leisten kann, ist eine Finanzierung etwa von Materialien oder die Miete von Räumlichkeiten.

Sehr wohl kann ein Grundeinkommen als Grundlage für eine weniger kapitalintensive Existenzgründung dienen. Gründer sind im Risiko in einer unternehmerischen Krise die soziale Absicherung nicht mehr finanzieren zu können. Das Grundeinkommen federt jederzeit kritische Einkommenssituationen ab und bildet so einen **verlässlichen Freiraum** für Existenzgründungen. Dann stellt das Grundeinkommen die Keimzelle für die Innovationskraft eines Landes dar.

Innovationen gehen ihrer Natur nach über das Bestehende hinaus und suchen neue Wege. Gerade in einem Land wie Deutschland, in dem ein sicherer Arbeitsplatz einen besonders hohen Stellenwert hat, würde ein Grundeinkommen nicht nur Existenzgründungen anschieben, sondern insgesamt

[90] http://dipbt.bundestag.de/extrakt/ba/WP16/73/7349.html

[91] https://www.arbeitsagentur.de/arbeitslosengeld/existenzgruendung-gruendungszuschuss

[92] https://www.bmwi.de/Redaktion/DE/Publikationen/Studien/beweggruende-und-erfolgsfaktoren-bei-gruendungen-im-nebenerwerb.pdf S. 200

[93] https://blogs.sub.uni-hamburg.de/hup/products-page/publikationen/8/ S. 73f

die Bereitschaft erhöhen, neue Wege zu gehen. Zumal die Zahl der Gründungen in Deutschland deutlich rückläufig ist.[94] Das Grundeinkommen ist keine Generallösung für Innovation und Existenzgründung, sondern ein Basisbaustein für innovationsfreundliche Rahmenbedingungen.

Zusammenfassung

- Das Grundeinkommen federt ein Scheitern ab und stärkt die unternehmerische Risikobereitschaft.
- Das Grundeinkommen fördert ein selbstbestimmtes Leben.
- In der industriellen Welt steht das Produkt im Mittelpunkt, der Trend geht zum Menschen und seiner Persönlichkeit.
- Ein Grundeinkommen, das Existenzgründungen unterstützt, fördert die Innovationskraft eines Landes.

[94] https://de.statista.com/statistik/daten/studie/183869

5 Gerechtigkeit

Wenn der Staat Geld ohne Gegenleistung verteilt, dann muss er die Freiheit anderer einschränken, etwa durch höhere Steuern, was eine Einschränkung der Steuerzahler bedeutet. Ein Grundeinkommen wie auch ihre Bezieher stehen deshalb unter Rechtfertigungszwang. Es entsteht ein Druck, die Berechtigung für den Bezug zu belegen.

Solidarität
In einer Solidargemeinschaft ist der Einzelne nicht allein für sich verantwortlich, sondern die Gemeinschaft bietet Hilfe und Unterstützung im Bedarfsfall. Neben der Familie sind Versicherungen und die öffentliche Hand typische Solidargemeinschaften.

5.1. Die Grenzen des Wissens

Beim Terroranschlag auf das Oktoberfest 1980[95] musste ein Bub zusehen, wie zwei seiner Geschwister qualvoll sterben. Sofern ein Mensch nur über etwas Empathie verfügt, muss ein solches Ereignis zu einer posttraumatischen Belastungsstörung führen. Entschädigungen und Unterstützungsmaßnahmen wären angemessen gewesen.

Das zuständige Sozialgericht in München entschied anders. Der Geschädigte wurde als Simulant eingestuft.[96] Jahre später entschuldigt sich der verantwortliche Richter für das Fehlurteil.[97] So, wie den Opfern des Ok-

[95] https://www.br.de/nachrichten/bayern/40-jahre-oktoberfest-attentat-zeitzeugen-erinnern-sich,SBcARjq

[96] https://www.muenchen.de/sehenswuerdigkeiten/aktuelles/2020/informationsort-theresienwiese-oktoberfest-attentat.html

[97] https://www.sueddeutsche.de/muenchen/oktoberfest-anschlag-1980-splitter-in-der-seele-1.4158694

toberfest-Attentats ergeht es auch anderen Gewaltopfern.[98] Die Verfahren machen Opfer zum zweiten Mal zum Opfer.

Wir haben in der Medizin eine **Grenze des Wissens** und erst recht eine Grenze der Beweisbarkeit. Verstärkt wird dies durch die Fehlerhaftigkeit und Schwächen des Rechtsstaats. Wenn Gerichte mit ihren hochdekorierten Sachverständigen nicht in der Lage sind, gesicherte Urteile zu fällen, wie sollen dann Verwaltungsmitarbeiter einer Behörde faire Entscheidungen treffen können?

Es gibt Krankheiten, die die Medizin noch nicht kennt. Es gibt Menschen, deren Krankheit bekannt ist, aber leider nicht den behandelnden Ärzten oder Gutachtern. Es gibt Millionen von Bundesbürger, die an eine von Tausenden seltener Krankheiten leiden[99] und manche bekommen erst nach einer jahrelangen Odyssee die richtige Diagnose[100]. Der Kenntnisstand in der Medizin ist immer unvollständig, wie der medizinische Fortschritt täglich beweist.

Laut **Armutsbericht der Bundesregierung**[101] sind Angststörungen und Depressionen im Erwachsenenalter unter sozial Benachteiligten stärker verbreitet (11%-14%) als unter sozial Bessergestellten (4%-7%). Vergleichbares gilt für chronische Stressbelastungen, Schlafstörungen wie auch psychische Belastungen. Neben dem Sozialstatus weisen eine Vielzahl von Studien darauf hin, dass es einen Zusammenhang zwischen Arbeitslosigkeit und dem Gesundheitszustand gibt. Mehr als 40 Prozent der Arbeitslosen mit SGB II-Leistungen weisen schwerwiegende gesundheitliche Einschränkungen auf.

Gesundheitliche Probleme können sowohl Ursache für Armut sein, als auch eine Folge. Wer mit weniger Geld auskommen muss, der kann sich

[98] https://www.faz.net/aktuell/gesellschaft/opferentschaedigungsgesetz-du-opfer-du-11884030.html

[99] https://www.bundesgesundheitsministerium.de/themen/praevention/gesundheitsgefahren/seltene-erkrankungen.html

[100] https://www.seltene-krankheiten-info.de/alleingelassen

[101] https://www.armuts-und-reichtumsbericht.de/DE/Bericht/Archiv/Der-fuenfte-Bericht/Der-Bericht/der-bericht.html Seite 413f

ergänzende medizinische Versorgung sowie Erholung seltener leisten. Darüber hinaus zehrt die Situation an den Nerven. Wer über mehr Geld verfügt, der ruht sanfter.

Das Bundesverfassungsgericht hat in seinem Urteil von 2019 wissenschaftliche Untersuchungen zitiert, nach denen es zwar bei **jedem Dritten Leistungsbezieher nach SGB II eine psychiatrische Diagnose** gebe. Bei vielen Menschen sei allerdings schwer zu unterscheiden, ob eine psychische Erkrankung oder Belastung vorliege – oder schlicht Unwilligkeit, Mitwirkungspflichten zu erfüllen. Es werde uneinheitlich damit umgegangen, ob eine psychische Erkrankung ein wichtiger Grund sei, um von Leistungsminderungen abzusehen.[102]

Es gibt viele Gründe, warum Menschen nicht so können, wie sie sollten oder wollten. Manche sind in der Welt der Grundsicherung aufgewachsen und kennen es nicht anders. Oder sie sind schlicht wirtschaftsunmündig, erzogen zum Stillhalten, unfähig, sich für ihre Belange einzusetzen, akzeptieren widerstandslos, dass andere stärker sind. Auch das Umfeld produziert eine Kultur des Versagers, weil es einredet, dass „du das nicht kannst" oder weil „Mathematik halt nichts für Mädchen ist". Andere sind Gefangene der Missachtung und Misshandlung in der Kindheit. Nicht alle Menschen kennen Zuversicht, Perspektive und Verständnis.

Wir können uns letztlich kein Urteil über Menschen erlauben. **Der Staat ist nicht der Allwissende.** Es kann jederzeit jeden treffen, mit oder ohne eigenes Verschulden. Wir können objektiv nicht sicher feststellen, ob jemand nicht arbeiten kann oder nicht will. **Das Existenzminimum ist die unterste und absolute Schranke für menschliches Leben.** Diese Grenze darf in einer humanistischen Gesellschaft, respektive in einem Sozialstaat, nicht unterschritten werden. Wir müssen deshalb damit leben, dass als Nebenwirkung auch die profitieren, die es aus eigener Leistung schaffen könnten.

[102] https://www.bundesverfassungsgericht.de/e/ls20191105_1bvl000716.html Rn. 59

5.2. Sozialleistungsbetrug

Im Jahr 2019 gab es 12.571 registrierte Fälle mit vollendetem Sozialleistungsbetrug bei fallender Tendenz.[103] Weitere 661 Fälle waren versuchter Betrug. Die gesamte Schadenshöhe betrug knapp 55 Mio. Euro. Über 80 % der Fälle sind Beträge unter 5.000 Euro.

Vollendete Fälle	ab Euro	unter Euro	Anteil Fälle
4.009	1 €	500 €	32 %
6.237	500 €	5.000 €	50 %
1.938	5.000 €	25.000 €	15 %
244	25.000 €	50.000 €	2 %
143	50.000 €	unbegrenzt	1 %

Sozialleistungsbetrug 2019

63,9% sind deutsche, 36,1 % sind nichtdeutsche Tatverdächtige. Seit 2009 sank die Zahl der Fälle um 18 %. Sozialleistungsbetrug macht 0,2 % aller Straftaten aus.

Natürlich gibt es eine Dunkelziffer und Grauzone. Insgesamt betragen die Betrugsfälle im Vergleich zur Gesamtzahl der Leistungsempfänger nur 0,18% und sind daher als nicht entscheidend einzustufen.

Mit einer zentralisierten Finanzabwicklung über das Finanzamt dürften Betrügereien weiter verringert werden. Zudem hat die Steuerverwaltung mehr als Sozialverwaltungen einen Fokus auf finanzielle Vergehen.

Betrug bis hin zur organisierten Kriminalität belastet nicht nur die öffentlichen Finanzen, sondern auch die Akzeptanz eines Grundeinkommens. Ein

[103] https://www.bka.de/DE/AktuelleInformationen/StatistikenLagebilder/PolizeilicheKriminalstatistik/PKS2019/PKSTabellen/BundFalltabellen/bundfalltabellen.html

Sozialsystem sollte daher widerstandsfähig gegenüber Missbrauchsversuchen sein.

Die Prävention spricht für ein Grundeinkommen. Je einfacher das System ist, je weniger Ämter involviert sind und je weniger Brüche es hat, desto besser kann es vor Missbrauch geschützt werden.

5.3. Verdeckte Armut

Manche Menschen verzichten auf Sozialleistungen, obwohl sie Anspruch darauf hätten. Ursachen können beispielsweise Unwissenheit sein, die Scheu vor dem aufwendigen Verfahren, Scham oder eine Erkrankung. Man spricht im Englischen von der **„non-take-up rate" (NTR)**, im Deutschen die **„Nichtinanspruchnahme"**.

Das Institut für Arbeitsmarkt- und Berufsforschung (IAB), Forschungseinrichtung der Bundesagentur für Arbeit, berechnete in einem Mikrosimulationsmodell auf Basis einer Stichprobe im Jahr 2008 eine Nicht-Inanspruchnahme der Regelleistungen nach Arbeitslosengeld II von ca. 34 % bis 43 %.[104]

Laut einer Studie des Deutschen Institut für Wirtschaft von 2019 nehmen über 55 % ALG II nicht in Anspruch.[105] Bei der Grundsicherung im Alter sind es sogar rund 60 %.[106] Hoch ist hier besonders die Nichtinanspruchnahme bei Älteren über 76 Jahre (72,8 %), verwitwete Personen (76,9 %) sowie bei geringer Anspruchshöhe unter 200 Euro (79,9 %).

[104] https://www.iab.de/185/section.aspx/Publikation/k130627301

[105] https://www.diw.de/de/diw_01.c.616590.de/publikationen/diskussionspapiere/2019_1793/non_take_up_of_means_tested_social_benefits_in_germany.html

[106] https://www.diw.de/de/diw_01.c.699978.de/grundsicherung__hohe_rate_der_nichtinanspruchnahme_deutet_auf_hohe_verdeckte_altersarmut.html

5.4. Stabile Verhältnisse

Armut zieht soziale Unruhen und Straftaten nach sich. Es ist im Interesse einer Gesellschaft, Armut zu vermeiden. Arme tragen weniger zur Wirtschaftsentwicklung bei und damit weniger zum wirtschaftlichen Wohlstand einer Gesellschaft.

Es ist eine allgemeine Erfahrung, dass die **schnelle und frühzeitige Behebung** von Schwachpunkten günstiger ist, als aufwendige Reparaturen zu einem späteren Zeitpunkt. Das gilt analog auch für Menschen in kritischen Lagen. Das schnelle Stabilisieren ist der erste Schritt, etwa die umgehende Unterbringung bei Wohnungslosigkeit.

5.5. Machtasymmetrie

Wer zahlt, schafft an. Menschen ohne Einkommen sind oft auf private Unterstützung angewiesen. Nicht immer ist diese Unterstützung frei von Unterdrückung. Geradezu ein Klassiker sind Frauen, die sich nicht aus häuslicher Gewalt lösen können. Ein gesichertes Grundeinkommen schafft die Basis für eine Neuorientierung.

Ebenso wird diskutiert, dass ein Grundeinkommen die Position stärken würde, wenn Arbeitgeber versuchen Notlagen rechtswidrig zu nutzen. Je höher das Grundeinkommen ist, je symmetrischer die Machtverhältnisse wären, desto mehr könnten auf der anderen Seite Absicherungen wie etwa Kündigungsschutz, Mindestlöhne und Tarifverträge entfallen. Dies wird besonders in Bezug auf das bedingungslose Grundeinkommen diskutiert.[107] Indirekte Sozialpolitik soll gegen direkte Sozialpolitik getauscht werden.

[107] https://blogs.sub.uni-hamburg.de/hup/products-page/publikationen/8/ S. 19

Zusammenfassung

- Die Prüfung der Erwerbsfähigkeit stößt an die Grenze des Wissens.
- Das Existenzminimum ist die unterste und absolute Schranke für menschliches Leben.
- Sozialleistungsbetrug muss bekämpft werden, spielt aber keine zentrale Rolle.
- Die Rate der Nichtinanspruchnahme (non-take-up rate) beträgt ungefähr die Hälfte.
- Ziel muss eine frühestmögliche Hilfe sein.
- Ein Grundeinkommen stabilisiert Gesellschaften und wirkt Machtasymmetrien entgegen.

6 Arbeit

Das Statistische Bundesamt berechnet eine **Erwerbstätigenquote**[108] von 76,7 % bei 44,6 Mio. Erwerbstätigen[109], Stand 12/2020. Der Trend ist steigend, weil vor allem mehr Frauen erwerbstätig sind[110]. Rund 2 Mio. Menschen sind erwerbslos, was einer Quote von 4,4 % entspricht bei rund 600.000 gemeldeten offenen Stellen.[111] Über die Erwerbslosen hinaus rechnet das Statistische Bundesamt mit weiteren 2,4 Mio. Unterbeschäftigten und einer stillen Reserve (arbeitsfähig, aber nicht arbeitslos gemeldet) von rund 1 Mio. Personen.[112]

6.1. Erwerbsfähigkeit

Arbeits-, Berufs- und Erwerbsfähigkeit bzw. -unfähigkeit bauen im Wesentlichen aufeinander auf:

Arbeitsunfähigkeit	Medizinisch begründete Unfähigkeit, die bis zur Arbeitsunfähigkeit ausgeübte Tätigkeit in einem bestimmten Umfang auszuüben. Die Arbeitsunfähigkeit ist nur für eine **absehbare Zeit** gegeben.
Berufsunfähigkeit	**Dauerhafte** Arbeitsunfähigkeit in bisherigem Beruf.
Erwerbsunfähigkeit	Über den eigenen Beruf hinaus ist Erwerb in keiner **zumutbaren Arbeit** für mindestens 3 Stunden täglich möglich.

[108] Bezogen auf Personen in der Altersgruppe 15 bis unter 65 Jahren.

[109] https://www.destatis.de/DE/Themen/Arbeit/Arbeitsmarkt/Erwerbstaetigkeit/_inhalt.html

[110] https://www.destatis.de/DE/Themen/Arbeit/Arbeitsmarkt/Erwerbstaetigkeit/Tabellen/erwerbstaetigen-quoten-gebietsstand-geschlecht-altergruppe-mikrozensus.html

[111] https://www.destatis.de/DE/Themen/Arbeit/Arbeitsmarkt/Erwerbslosigkeit/_inhalt.html

[112] https://www.destatis.de/DE/Themen/Arbeit/Arbeitsmarkt/Erwerbstaetigkeit/Publikationen/Downloads-Erwerbstaetigkeit/broeschuere-arbeitsmark-blick-0010022189004.pdf

Eine gesetzliche Definition von Arbeitsfähigkeit gibt es nicht. Der Gemeinsame Bundesausschuss (G-BA) übernimmt diese Aufgabe mit der Arbeitsunfähigkeits-Richtlinie.[113] Der G-BA ist eine juristische Person des öffentlichen Rechts und besteht aus den Leistungserbringern, insbesondere aus Vertretern der Krankenkassen und der Deutschen Krankenhausgesellschaft.[114]

Arbeitsunfähig ist, wer zu krank ist, um mindestens 3 Stunden täglich zu arbeiten oder an einer Eingliederungsmaßnahme teilzunehmen. Die Beurteilung erfolgt durch Vertragsärzte der Krankenkassen. Die ärztlich festgestellte Arbeitsunfähigkeit ist Voraussetzung für den Anspruch auf Entgeltfortzahlung und für den Anspruch auf Krankengeld. Für die Bescheinigung der Arbeitsunfähigkeit gibt es ein Formblatt, die Arbeitsunfähigkeitsbescheinigung. Viele Arbeitnehmer kennen diese AU-Bescheinigung. Bei Zweifeln an der Arbeitsunfähigkeit kann eine Begutachtung durch den Medizinischen Dienst der Krankenversicherungen (MDK) erfolgen. Für Bezieher von ALG I und ALG II gibt es jeweils eigene Definitionen der Arbeitsunfähigkeit.

Wer dauerhaft in seinem Beruf arbeitsunfähig ist, der ist **berufsunfähig**. Eine Absicherung der Berufsunfähigkeit kann über private BU-Versicherungen erfolgen oder eine andere Einkommensquelle, die nicht auf Arbeitsleistung beruht. Die gesetzliche Absicherung der Berufsunfähigkeit für Rentenversicherte wurde im Jahr 2000 abgeschafft und durch die Erwerbsminderungsrente ersetzt. Für vor dem 2.1.1961 geborene Rentenversicherte gelten die gesetzlichen Bestimmungen der Berufsunfähigkeit weiterhin.[115] Die privaten BU-Versicherungen und berufsständische Versorgungswerke variieren diese Bestimmungen.

Die **Erwerbsunfähigkeit** (genauer: teilweise bzw. volle Erwerbsminderung) erweitert die Arbeitsunfähigkeit um jede Art von Tätigkeit, also nicht nur im angestammten Beruf. Die Erwerbsfähigkeit ist gesetzlich als die Fähig-

[113] https://www.g-ba.de/richtlinien/2/

[114] https://www.g-ba.de/ueber-den-gba/wer-wir-sind/mitglieder/

[115] https://www.gesetze-im-internet.de/sgb_6/__240.html

keit, mindestens drei Stunden täglich erwerbstätig zu sein, geregelt.[116] Die Feststellung der Erwerbsminderung trifft grundsätzlich der Rentenversicherungsträger. Die Agentur für Arbeit ist allerdings für betroffene ALG II-Bezieher zuständig. Auf die Entscheidung der Agentur folgt üblicherweise der Widerspruch des Sozialhilfeträgers, so dass letztlich wieder der Rentenversicherungsträger entscheidet. Im Streitfall wird eine gutachterliche Stellungnahme eingeholt.[117] Wie schon ausgeführt, sind Gutachten eine kritische Schwachstelle des Systems. Gutachten beruhen bestenfalls auf dem Stand der Wissenschaft, aber der ist eben nicht absolut.

6.2. Berufsausübung

Die COVID-19-Pandemie drohte aufgrund entsprechender Lockdown-Maßnahmen, schlagartig eine große Massenarbeitslosigkeit zu verursachen. Der Grund waren nicht fehlende Aufträge oder mangelnder Arbeitswille, sondern regierungsseitig veranlasste Tätigkeitsverbote. Dank Kurzarbeitergeld und weiterer Maßnahmen wurde ein großer Teil der drohenden Arbeitslosigkeit abgefangen.

Das **Kurzarbeitergeld**[118] beträgt 60 % des ausgefallenen Nettoentgelts, bei Beziehern mit mindestens einem Kind 67 %[119], und wurde während der COVID-19-Pandemie modifiziert. Ein Grundeinkommen hat (analog ALG II) aufstockende Wirkung, wenn das verfügbare Einkommen trotz Kurzarbeitergeld unter die Existenzgrenze sinkt. Ein Grundeinkommen federt ebenso alle ab, die keinen Anspruch auf Kurzarbeitergeld haben.

Das Grundeinkommen bietet in solchen Situationen einen großartigen Vorteil: Es kann vollautomatisch durch die Finanzämter bereitgestellt werden. Die Überlastung der öffentlichen Verwaltungen wird vermieden. Es fängt diese Risiken unkompliziert auf und sichert das persönliche Existenzmi-

[116] https://www.gesetze-im-internet.de/sgb_2/__8.html

[117] https://www.gesetze-im-internet.de/sgb_2/__44a.html

[118] https://www.arbeitsagentur.de/finanzielle-hilfen/kurzarbeitergeld-arbeitnehmer

[119] https://www.gesetze-im-internet.de/sgb_3/__105.html

nimum. Was ein Grundeinkommen wiederum nicht leisten kann, ist, die Existenz eines Betriebes zu sichern. Dies erfordert andere Instrumente.

6.3. Arbeitslosigkeit

In den 1980er Jahre waren hohe Arbeitslosenzahlen ein zentrales Thema der Politik. In Deutschland, wie auch anderen Ländern, trafen die „Babyboomer", die 1960er Jahrgänge, auf einen Arbeitsmarkt, der darauf nicht vorbereitet war. Fehlende Lehrstellen und steigende Arbeitslosigkeit beängstigten die Menschen. Die Überlegungen zu Grundeinkommen und Bürgergeld waren ganz wesentlich von der Idee gespeist, Arbeitslosigkeit abzufedern. Auch die Mikroelektronik galt perspektivisch als Vernichter von Arbeitsplätzen.

Unter dem Stichwort „**Digitalisierung**" lebte diese Befürchtung in den 2010er Jahren wieder auf. Wirklich belastbar hat bis heute niemand diese Sorge untermauern können. Produktivitätsfortschritte werden aber nicht nur durch die Digitalisierung erreicht, sondern beispielsweise auch durch eine leistungsfähigere Organisation der Unternehmen und bessere Ausbildung der Mitarbeiterschaft. Es kann darüber hinaus auch ein Ziel sein, wenn die Menschheit durch Roboter entlastet wird.

Man darf aber nicht erwarten, dass alle ein Leben ohne Arbeit wünschen. Vielmehr muss es immer ein politisches Ziel sein, dass jeder einer Erwerbsarbeit nachgehen kann. Arbeit ist auch ein wichtiger Weg zur sozialen Teilhabe. Über das Arbeitsleben ist soziale Integration gegeben. Ein Grundeinkommen löst die Aufgabe der Vollbeschäftigung nicht, erleichtert aber den Schritt in das Arbeitsleben bzw. den Weg zu Alternativen.

Umgekehrt ist eine arbeitsteilige Gesellschaft auf Erwerbstätige angewiesen. Das gesamte System würde ohne „Mitarbeit" zusammenbrechen. Arbeit schafft selbst wieder Arbeit und ist ein Motor für die Wirtschaftsentwicklung. Ein Grundeinkommen trägt dazu bei, dass Menschen weniger tief fallen und schneller wieder verfügbar sind. Es stabilisiert den Einzelnen und das Gesamtsystem.

Wir sollten darauf vorbereitet sein, dass es einem Teil der Bevölkerung trotz Arbeitswillen und Befähigung zumindest zeitweilig nicht möglich ist, eine Beschäftigung auszuüben. Auch Massenarbeitslosigkeit kann aus verschiedensten Gründen, wie etwa einer Weltwirtschaftskrise, immer wieder auftreten. Das Grundeinkommen ist das Basis-Instrument, um effizient und effektiv Arbeitslosigkeit abzufedern. **Es bildet zugleich eine Brücke, einen fließenden Übergang, in die Erwerbsarbeit.**

6.4. Alternative Arbeitsmärkte

Ein **zweiter Arbeitsmarkt**, der von öffentlicher Förderung lebt, ist keine Lösung für fehlende Beschäftigung. Grundeinkommen ist keine Lohnsubventionierung, weil dies nicht dem Arbeitgeber, sondern dem einzelnen Menschen gezahlt wird. Tarifparteien würden bei Lohnsubventionierung ihrer Verantwortung für die Beschäftigung enthoben. Im Einzelfall kann diese jedoch sinnvoll sein, um den Übergang in Beschäftigung fließend zu gestalten.

Ebenso ist anzustreben, dass **Gemeinwohlarbeit**[120] durch regulär bezahlte Tätigkeit erfolgt. Gemeinwohlarbeit als Ersatz-Beschäftigung zerstört reguläre Arbeitsplätze. Dies wurde bei den mit den Hartz-Gesetzen eingeführten 1-Euro-Jobs vom Bundesrechnungshof deutlich kritisiert.[121] Natürlich kann auch dies im Einzelfall sinnvoll sein, jedoch nicht als Regelverfahren, sondern individuelle Hilfe für Betroffene.

Im Rahmen eines „bedingungslosen Grundeinkommens" wird Gemeinwohlarbeit oder Freiarbeit sehr wohl diskutiert. In diesem Fall handelt es sich jedoch nicht um die Beschaffung von Arbeit, sondern von Zeit. An der Stelle führt die Diskussion zum Grundeinkommen über die sich an der Existenzsicherung orientierenden Grundsicherung hinaus. Es stellt sich die Frage, wie sinnvolle Tätigkeiten für die Allgemeinheit finanziert werden

[120] Gemeinwohlarbeit dient öffentlichen Aufgaben und ist nicht mit bürgerschaftlichem Engagement etwa in einem Ehrenamt zu verwechseln.

[121] https://www.zeit.de/wirtschaft/2010-11/ein-euro-jobs-bundesrechnungshof

können, für die es kein Markteinkommen gibt. Zudem ist nicht unbedingt alles, was ein Einzelner für sinnvoll hält, auch wirklich der Allgemeinheit zuträglich. Umgekehrt wird von Entscheidungsträgern nicht alles als sinnvoll erachtet, was sinnvoll wäre, oder es läuft Interessen zuwider.

Auch **Niedriglohnarbeitsplätze** werden im Rahmen von Grundeinkommen bzw. Bürgergeld als Ziel formuliert. Ein erstrebenswertes Ziel einer Volkswirtschaft sollte ein Niedriglohn-Sektor aber nicht sein, insbesondere, wenn er subventioniert werden muss. Jedoch ist durch den Anrechnungsmechanismus eine ergänzende und stabilisierende Wirkung des Grundeinkommens sehr wohl ein Ziel. Auch hier gilt, dass dies eine Brücke für den Einzelnen ist.

Das Risiko bei Lohnsubventionierung bzw. sogenannte Passiv-Aktiv-Transfer (Arbeit statt Arbeitslosigkeit finanzieren) ist, dass die Arbeitnehmer aus diesem Arbeitsverhältnis nicht mehr den Weg hinausfinden. Oder noch schwerwiegender, dass ein Niedriglohnsektor sich dadurch erst entwickelt.[122] Durch die teilweise Anrechnung besteht auf Seiten des Arbeitnehmers grundsätzlich ein Vorteil und damit auch Chance und Interesse, dass sich der Lohn nach oben entwickelt. Je mehr sich Leistung lohnt, desto besser die Perspektive, dass die Subventionierung nur vorübergehend ist.

6.5. Unbezahlte Arbeit

Als Sorgearbeit (Care-Work) werden Tätigkeiten für die Unterstützung und Pflege von Angehörigen und Freunden sowie Kinderbetreuung bezeichnet. Der Verzicht auf eigene Erwerbsarbeit reduziert die persönliche Einkommenssituation und erhöht das Risiko von Altersarmut. Betroffen sind besonders Frauen, die im Schnitt über 50% mehr Zeit für unbezahlte Sorgearbeit aufwenden, als Männer (Gender Care Gap).[123] Im zweiten Gleichstellungsbericht der Bundesregierung werden verschiedene Vor-

[122] https://www.diw.de/documents/dokumentenarchiv/17/39470/schelkle.pdf

[123] https://www.bmfsfj.de/bmfsfj/themen/gleichstellung/gender-care-gap/indikator-fuer-die-gleichstellung/gender-care-gap-ein-indikator-fuer-die-gleichstellung-137294

schläge zur Verbesserung der Gleichberechtigung der Geschlechter gemacht[124]. Darüber hinaus wird das bedingungslose Grundeinkommen als Lösungsvorschlag diskutiert.

Knapp die Hälfte der Bevölkerung engagiert sich ehrenamtlich.[125] So wird auch die Bezahlung von ehrenamtlicher Tätigkeit durch ein bedingungsloses Grundeinkommen debattiert.[126]

6.6. Zukunft der Arbeit

Die Digitalisierung wird die Gesellschaft mindestens so verändern, wie es schon die industrielle Revolution getan hat. Das Tempo der Veränderung beschleunigt sich immer mehr. Wir sprechen nicht über ein bisschen schneller, sondern von einer Zunahme um den Faktor 10 oder 100 oder gar 1.000. Es kommt zu immer mehr Brüchen, auch in den Erwerbsbiografien. **Das Grundeinkommen bietet ein verlässliches Instrument, um unterschiedliche Lebenslagen abzufedern.** Dies ermöglicht, notwendige Umstrukturierungen zu beschleunigen und unterstützt somit die Modernisierung der Wirtschaft.

Ein hohes Veränderungstempo bietet Chancen und Risiken. Ein Risiko ist, häufiger und schneller aus den eingefahrenen Bahnen geworfen zu werden. Umgekehrt bieten sich aber auch schneller und häufiger neue Chancen auf einen Wiedereinstieg.

Das Grundeinkommen ersetzt die Verantwortung von Politik und Wirtschaft für die Erwerbstätigkeit von Menschen nicht, stellt aber eine Hilfe dar. Ein Ziel wäre es, dass das Grundeinkommen Innovation und wirtschaftliche Entfaltung befeuert, Menschen rechtzeitig und unbürokratisch auffängt – und sich so der Bedarf für ein Grundeinkommen reduziert.

[124] https://www.gleichstellungsbericht.de/

[125] https://www.bmi.bund.de/DE/themen/heimat-integration/buergerschaftliches-engagement/bedeutung-engagement/engagement-artikel.html

[126] https://www.wiso.uni-hamburg.de/fachbereich-vwl/professuren/straubhaar/forschung/discussion-paper-series/policypapernr1-grundeinkommen-palm.pdf

6.7. Anfang und Ende der Arbeit

Mit den Anrechnungsverfahren bauen wir eine Brücke zwischen Nicht-Arbeit und Vollerwerb. Damit ist der zentrale Baustein für den „Anfang der Arbeit" in das Grundeinkommen integriert.

Aber stehen wir wirklich vor dem Ende der Arbeitsgesellschaft? Ich denke nein. Nicht nur die Arbeitswelt verändert sich mit immer größerem Tempo. Wohnen und Arbeiten rückt wieder näher zusammen. Online-Universitäten ermöglichen die orts- und zeitunabhängige Gelegenheit, zu studieren. Überall, sofort, für jeden. Menschen können im eigenen Rhythmus lernen und arbeiten und damit ihre Möglichkeiten besser ausschöpfen. Der Takt des Industriezeitalters weicht dem Rhythmus des Lebens. Lebenslanges Lernen, die eigenen Fähigkeiten zu entwickeln, wird Teil des Berufes werden. Die technische Entwicklung wird die Gesellschaft mindestens so verändern, wie es schon die industrielle Revolution getan hat. Die Digitalisierung ist eine Herausforderung, aber auch Chance für ein besseres Arbeitsleben.

Letztlich können wir die Zukunft nicht vorhersehen. Wir müssen deshalb unsere sozialen Systeme auf die Möglichkeit vorbereiten, dass Roboter die Arbeit übernehmen. Wir brauchen krisenfeste, resiliente Strukturen und sollten dieses Szenario nicht anstreben, aber bei der Gestaltung unserer Gesellschaft und des Staats berücksichtigen.

Das Grundeinkommen bildet hierfür den Basisbaustein. **Das Grundeinkommen ersetzt nicht die Erwerbsarbeit, es schafft die existenzielle Abhängigkeit von Arbeit ab.**

Zusammenfassung

- Das Grundeinkommen bildet eine Brücke, einen fließenden Übergang, in die Erwerbsarbeit.
- Alternative Arbeitsmärkte wie Gemeinwohlarbeit oder Niedriglohnarbeitsplätze sollten kein politisches Ziel sein, können aber im Einzelfall helfen.
- Die Arbeitswelt verändert sich immer stärker und schneller.
- Das Grundeinkommen bietet ein verlässliches Instrument, um unterschiedliche Lebenslagen abzufedern.
- Das Grundeinkommen ersetzt nicht die Erwerbsarbeit, es schafft die existenzielle Abhängigkeit von Arbeit ab.

7 Steuern

Sofern eine Anrechnung des Grundeinkommens auf die Steuern erfolgen soll, muss diese mit dem Zufluss verrechnet werden, also dem Einkommen. Das Grundeinkommen ist selbst ein Zufluss, ein Einkommen.

Das Vermögen hat eine Mittlerrolle zwischen Einkommen und Verbrauch. Wird Vermögen aufgelöst, kann es den Verbrauch finanzieren. Vermögen zu schonen oder einzusetzen, ist Teil der Diskussion um ein Grundeinkommen.

Die **drei Phasen** der Besteuerung:

Quelle für Besteuerung	Wirkung auf das Vermögen	Beispiele für Besteuerung
Einkommen	Zuwachs zum Vermögen	Lohn- und Einkommensteuer
Substanz	Bestand des Vermögens	Grundsteuer, Kraftfahrzeugsteuer, Erbschaftssteuer
Verbrauch	Verwendung des Vermögens	Umsatzsteuer

7.1. Rechtliche Integration

Um nach dem Prinzip der negativen Einkommensteuer eigenes Einkommen anteilig anzurechnen, muss das Grundeinkommen im Grundsatz in das Einkommensteuergesetz integriert werden. Mindestens müssen die Gesetze für Grundeinkommen und Eigeneinkommen harmonisch miteinander abgestimmt werden. Das beginnt schon mit der Frage: „Was zählt eigentlich zum Einkommen?"

Im Idealfall entsteht eine einheitliche Bemessungsgrundlage über den ganzen Tarifverlauf. Allerdings ist die Bestimmung von Einkommen für Besteuerung und Transfer schon im Ansatz unterschiedlich. **Die Besteuerung beruht auf dem Prinzip der individuellen Leistungsfähigkeit.** Transferzahlungen werden dagegen nachrangig behandelt, Eigenmittel und die Solidarität innerhalb der Familie werden zunächst eingefordert. Deshalb fordern manche die Individualisierung von Transferleistungen.

Von Joachim Mitschke gibt es eine umfangreiche Ausarbeitung von 2004 zu einem „Einkommensteuer- und Bürgergeldgesetz" (EStBG)[127], das eine Negativsteuer (eben das Bürgergeld) in das Einkommensteuergesetz integriert.

Die Integration des Grundeinkommens in die Einkommensteuer setzt allerdings voraus, dass die Einkommensteuer auch existiert. Es gibt jedoch Ideen, die auf eine Besteuerung von Einkommen und Vermögen ganz verzichten und dies mit dem Konzept eines Grundeinkommens kombinieren.

7.2. Ausschließlich Konsumsteuer

Götz W. Werner schlägt vor, die Lohn- und Einkommensteuer sowie Körperschafts- und Gewerbesteuer zugunsten einer Konsumsteuer (Umsatzsteuer bzw. umgangssprachlich Mehrwertsteuer) abzuschaffen. Das ist zunächst unabhängig vom Grundeinkommen.[128] **Werner schafft also die Besteuerung von Einkommen und Substanz ab und besteuert nur den Verbrauch, diesen dafür entsprechend hoch.**

Wenn allerdings die Einkommensteuer zur Gegenrechnung fehlt, dann kann man das Grundeinkommen nur noch als Kopfpauschale für alle ohne Anrechnung auszahlen. Das ist auch deshalb schlüssig, weil dann niemand mehr über einen Freibetrag für das Existenzminimum verfügt. Mit dem

[127] Joachim Mitschke, Erneuerung des deutschen Einkommensteuerrechts – Gesetzesentwurf und Begründung mit einer Grundsicherungsvariante, 2004, Seite 108 ff.

[128] Mehr dazu siehe in der Zusammenfassung seines Buchs „Einkommen für alle" im Anhang.

Grundeinkommen für alle wird also nicht nur das Existenzminimum abgesichert, sondern auch der Freibetrag wiederhergestellt. **Es geht bei der Konsumsteuer primär nicht um die Finanzierung des Grundeinkommens, sondern um einen Wechsel in der Steuerlogik.**

Höhere Konsumsteuern würden zu einer erheblichen Steigerung der Bruttopreise führen. Bei 183,1 Mrd. Euro Steuereinnahmen aus der Umsatzsteuer (2019) müsste diese ungefähr vervierfacht werden, damit sie die gesamten Steuereinnahmen von 799 Mrd. Euro tragen können.[129] Der Satz von 19% erhöht sich auf 80% und 7% auf 30%. Dafür sinken die Nettopreise, weil die Ertragssteuern nicht mehr in diese eingepreist werden müssen. Ergänzend müsste noch das Grundeinkommen finanziert werden.

Durch die Verlagerung der Besteuerung allein ändert sich das gesamte Steueraufkommen nicht. Allerdings kommt es zu einer **Verschiebung der Besteuerung** in der Sache, also weg von der Besteuerung der Arbeit, hin zu einer Besteuerung des Verbrauchs. Dies müsste auch in der Berechnung des Existenzminimums berücksichtigt werden, was durch das Warenkorbmodell bereits abgebildet wird. Niedrige Einkommen, die heute schon nur geringe Steuern auf Einnahmen und Vermögen zahlen, werden durch eine Konsumsteuer relativ stärker belastet, als hohe Einkommen.

Joachim Mitschke schlägt einen ähnlichen Weg vor, wenn auch nicht in dieser Radikalität. Mitschke will Erträge von Unternehmen erst bei der Ausschüttung besteuern und auf eine Körperschaftssteuer verzichten. Die Einkommensteuer wirkt allein auf die Einnahmen, die dem Konsum zur Verfügung stehen.[130]

Kritiker wenden ein, dass eine hohe Konsumsteuer, wie immer bei hohen Steuern, zu Fluchtbewegungen führen würde. Dies könnten zu einer Tausch-Wirtschaft führen oder Schwarzhandel.[131]

[129] Zu den Finanzdaten siehe Kapitel Finanzierung.

[130] Joachim Mitschke, Erneuerung des deutschen Einkommensteuerrechts – Gesetzesentwurf und Begründung mit einer Grundsicherungsvariante, 2004

[131] https://blogs.sub.uni-hamburg.de/hup/products-page/publikationen/8/ Seite 79ff

7.3. Stufentarif

Die FDP hat 2003 und im Deutschen Bundestag 2006 ein Einkommensteuergesetz[132] vorgelegt, dass eine deutliche Vereinfachung beinhaltet. Allerdings hat es die FDP versäumt, diesen Gesetzesentwurf in der Koalition von 2009-2013 durchzusetzen. Eine herausgehobene Neuerung in dem FDP-Gesetzesentwurf ist der Stufentarif in §30. Dieser sieht vier Stufen vor:

Stufe	Grenzwerte	Steuersatz
1	0 € bis 7.500 €	0 %
2	über 7.500 € bis 15.000 €	15 %
3	über 15.000 € bis 40.000 €	25 %
4	über 40.000 €	35 %

Steuerpflichtige zahlen für den jeweiligen Einkommensteil den in der jeweiligen Stufe geltenden Tarif. Die erste Stufe entspricht dem steuerfreien Existenzminimum. Diese Stufe muss natürlich an das jeweils gültige Existenzminimum angepasst werden.

Bei beispielsweise 50.000 Euro Jahreseinkommen sind insgesamt 10.875 Euro Einkommensteuer zu zahlen. Die Berechnung jeder der einzelnen Stufen ist in der folgenden Tabelle dargestellt.

Das **Stufenprinzip** finden wir auch auf der Seite der Transferzahlungen, etwa bei der Anrechnungsfreiheit der ersten 100 Euro Markteinkommen. Aber auch beim Transferentzug finden sich stufenartige Effekte.

[132] http://dip21.bundestag.de/dip21/btd/16/006/1600679.pdf und vormals http://dip21.bundestag.de/dip21/btd/15/023/1502349.pdf

Stufe	Grenzwerte	Anteil	Steuersatz	Steuer
1	0 € bis 7.500 €	7.500 €	0 %	0 €
2	über 7.500 € bis 15.000 €	7.500 €	15 %	1.125 €
3	über 15.000 € bis 40.000 €	25.000 €	25 %	6.250 €
4	über 40.000 € bis 50.000 €	10.000 €	35 %	3.500 €
Summe		**50.000 €**		**10.875 €**

7.4. Partizipationsbelastung

Analog zur Besteuerung von eigenem Einkommen wirken die Entzugsraten staatlicher Unterstützung ebenfalls wie eine Besteuerung. **Grundsätzlich gilt, dass jeder selbst verdiente Euro das Unterstützungsgeld entsprechend mindert**. Es gibt Freibeträge, wenn auch in geringem Umfang. Für ALG II[133] sind die ersten 100 Euro vollständig frei.[134] Darüber hinaus darf man 20 % bis 1.000 Euro und 10 % über 1.000 Euro bis 1.200 Euro[135] vom Verdienst behalten. Nominell entspricht das einer Besteuerung von 0% für die ersten 100 Euro und anschließend 80% bzw. 90%.

Die Partizipationsbelastung („extensive margin") analysiert daher, ob sich eine Arbeitsaufnahme überhaupt lohnt oder ob der Wechsel von Teilzeit in Vollzeit sinnvoll ist. Die Partizipationsbelastung gibt an, wie viel Prozent durch Steuern, Abgaben und Transferentzug vom gesamten individuellen Bruttoeinkommen abgezogen werden.

[133] https://www.gesetze-im-internet.de/sgb_2/__11b.html

[134] Die ursprüngliche Gesetzfassung beinhaltete eine kompliziertere Regelung mit 15% für die ersten 400 Euro. Der Freibetrag von 100 Euro sollte diese Regelung vereinfachen.

[135] Mit einem Kind erhöht sich der Freibetrag von 1.200 Euro auf 1.500 Euro: https://www.gesetze-im-internet.de/sgb_2/__11b.html

Durchschnittliche Belastung des Einkommens bei Empfängern von ALG II

Beispiel Mini-Job über 450 €

Berechnung Abzugsbetrag:

Bruttoeinkommen	450,00 €
Freibetrag 100 €	– 100,00 €
Freibetrag 20% von 450 €	– 90,00 €
Abzugsbetrag	260,00 €

Zusammenfassung:

Bruttoeinkommen	450,00 €
Abzugsbetrag	-260,00 €
Zusätzliches Einkommen	190,00 €

Von 450 Euro entsteht ein Freibetrag und damit zusätzlich verfügbares Einkommen von insgesamt 190 Euro, die verbleibenden 260 Euro reduzieren das Transfereinkommen. Das entspricht einer durchschnittlichen Belastung von rund **58 %**.

Die Belastung im obigen Beispiel für einen **Mini-Job** ist noch verhältnismäßig einfach zu berechnen.

Komplizierter ist die Berechnung für einen **Midi-Job**. Zunächst wird wie bei jeder Lohnabrechnung aus dem Brutto das Netto berechnet. Ebenso sind die Freibeträge zu berechnen. Aus der Differenz von Nettoeinkommen und den Freibeträgen ergibt sich der Abzugsbetrag. Dieser ist neben Steuern und Abgaben ebenfalls vom Bruttoeinkommen abzuziehen. Erst daraus folgt das zusätzliche Einkommen, also das tatsächliche Netto.

Beispiel Midi-Job über 1.300 €

Berechnung Netto:

Bruttoeinkommen	1.300,00 €
Steuer[136]	-24,38 €
Sozialabgaben[137]	-259,68 €
Nettoeinkommen	1.015,94 €

Berechnung Freibetrag:

Freibetrag 100 €	– 100,00 €
Freibetrag 20 % von 900 €	– 180,00 €
Freibetrag 10 % von 200 €	–20,00 €
Summe Freibeträge	300,00 €

Berechnung Abzugsbetrag:

Nettoeinkommen	1.015,94 €
Summe Freibeträge	- 300,00 €
Abzugsbetrag	715,94€

Zusammenfassung:

Bruttoeinkommen	1.300,00 €
Steuern und Abgaben	-284,06 €
Abzugsbetrag	-715,94 €
Zusätzliches Einkommen	300,00 €

Von 1.300 Euro Bruttoeinkommen verbleiben nach Abzug von Steuern, Sozialabgaben sowie Anrechnung der Freibeträge ein verfügbares Einkommen von 300 Euro, also rund 23 %. Die Gesamtbelastung beträgt folglich **77 %.**

[136] Lohnsteuer und Kirchensteuer in Steuerklasse I ohne Kinder.

[137] Anteil Arbeitnehmer an Rentenversicherung, Krankenversicherung, Arbeitslosenversicherung und Pflegeversicherung. Die Beträge können individuell variieren.

Für das Endergebnis spielt es keine Rolle, ob die Summe aus Besteuerung und Sozialabgaben oder der Transferentzug so hoch ist oder eine Kombination aus beidem.[138] **Am Ende verbleibt so wenig Geld, dass Arbeit sich kaum lohnt.**

> ***„Wie kann man Arbeitswillen erwarten, wenn die Arbeit im jetzigen Ordnungssystem finanziell kaum etwas einbringt? Wie so oft sucht man das Heil – eher sozialistisch als marktwirtschaftlich – in öffentlichen Arbeitspflichten und moralischen Appellen, will also erziehen. Der bessere Mensch wird wieder einmal gesucht. Man ist auf der falschen Fährte. Man ändere das System."***
>
> Joachim Mitschke: Bürgergeld für mehr Arbeitsplätze (1995)[139]

Eine Untersuchung des ifo-Instituts[140] von 2020 zeigt, dass sich besonders bei **Alleinstehenden** im Niedriglohnbereich bei Aufnahme eines Vollzeitjobs hohe Partizipationsbelastungen von etwa 75 bis 80 % ergeben. Trotzdem bleibt die Partizipationsbelastung immer unter 100 %, d.h. Arbeit lohnt sich grundsätzlich, wenn auch oft nur in geringem Umfang. Insbesondere der Freibetrag der ersten 100 Euro senkt die Partizipationsbelastung entscheidend ab.

Für Single-Haushalt steigt die Belastung ab diesen 100 Euro allerdings so stark, dass eine darüber hinausgehende **Tätigkeit nur noch einen geringfügigen Geldvorteil bietet.** Bei Haushalten mit zwei Erwachsenen und einem Hauptverdiener lohnt sich für die zweite Person vorrangig eine Tätigkeit bis zur Minijob-Grenze (450 Euro). **Wer mehr arbeitet, stößt schnell an die Decke „viel Arbeit, wenig Brot".**

[138] Werbungskosten wie etwa für den Arbeitsweg sind hierbei noch nicht berücksichtigt.

[139] https://www.soziale-marktwirtschaft-erneuern.de/PDF/Mitschke.pdf

[140] https://www.ifo.de/publikationen/2020/monographie-autorenschaft/fuer-wen-lohnt-sich-arbeit-partizipationsbelastungen

Neben den verfügbaren Einkommen bei Arbeitslosigkeit sind laut Studie die bestimmenden Elemente der Partizipationsbelastung die Hinzuverdienstregelungen bei ALG II, die Minijobregelungen und das Ehegattensplitting. Die Partizipationsbelastung für ausgewählte **OECD-Länder**[141] in Prozent für einen Alleinstehenden bei Vollzeitbeschäftigung im Niedriglohnbereich (40 % des Durchschnittslohns) zeigt folgende Tabelle:

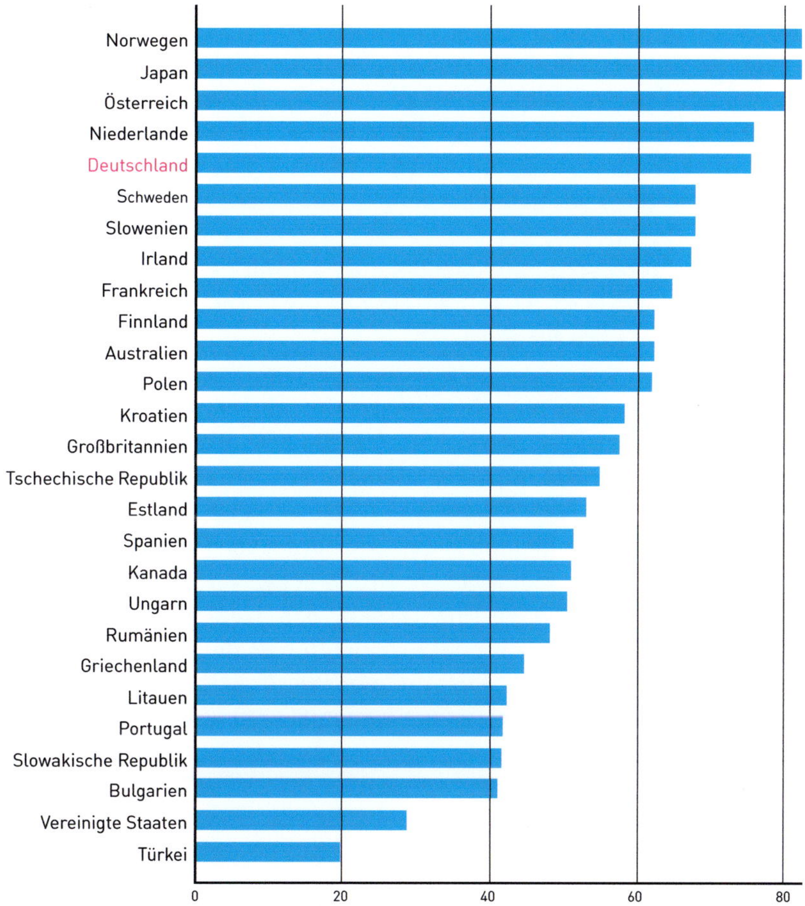

[141] https://www.ifo.de/publikationen/2020/monographie-autorenschaft/fuer-wen-lohnt-sich-arbeit-partizipationsbelastungen Seite 13

7.5. Effektive Grenzbelastung

Die nominellen, gesetzlichen Prozentsätze entsprechen, auch im Detail, nicht der tatsächlichen Steuerwirkung. **Es kommt zu einem schwankenden und sprunghaften Zusammenwirken von steigendem Eigeneinkommen, Abgabenbelastung und Transferentzug.**

Deshalb wurde die Berechnung **effektiver Steuersätze** entwickelt. Der Grenzsteuersatz berechnet die Wirkung für jeden **zusätzlichen** Euro. Wenn jemand 1.000 Euro verdient, dann kalkuliert der Grenzsteuersatz, was bei einem Euro mehr, also 1.001 Euro, übrig bliebe. Diese Belastungswirkung wird als effektive Grenzbelastung oder auch marginale[142] Gesamtbelastung („intensive margin") bezeichnet.

Im Gegensatz zur Partizipationsbelastung, die mit dem Durchschnitt der Gesamtsumme arbeitet, berechnet die effektive Grenzbelastung die Wirkung im Kleinen, **Euro für Euro**.

Die nachfolgende Grafik zeigt die effektive Grenzbelastung durch die Summe von Steuern, Abgaben und Transferentzug bezogen auf das Bruttoeinkommen eines Haushalts mit einer alleinerziehenden Person mit zwei Kindern:

- Ab 100 Euro steigt die Belastung abrupt von 0 % auf 80 %.
- Ab 1.300 Euro monatlichem Brutto steigt sie auf rund 100 %.
- Bei 2.000 Euro verringert sich das Nettoeinkommen sogar, weil der restliche Kinderzuschlag für beide Kinder (2x 85 Euro) schlagartig entfällt. Ein Euro mehr verursacht einen Transferentzug von 170 Euro und es entsteht punktuell eine massive Sprungstelle nach oben.[143]

[142] Marginal = Grenze, Rand

[143] Diese Sprungstelle geht weit über die Grafik hinaus, was mit den Pfeilen angedeutet wird.

Effektive Grenzbelastung für eine alleinerziehende Person mit zwei Kindern:

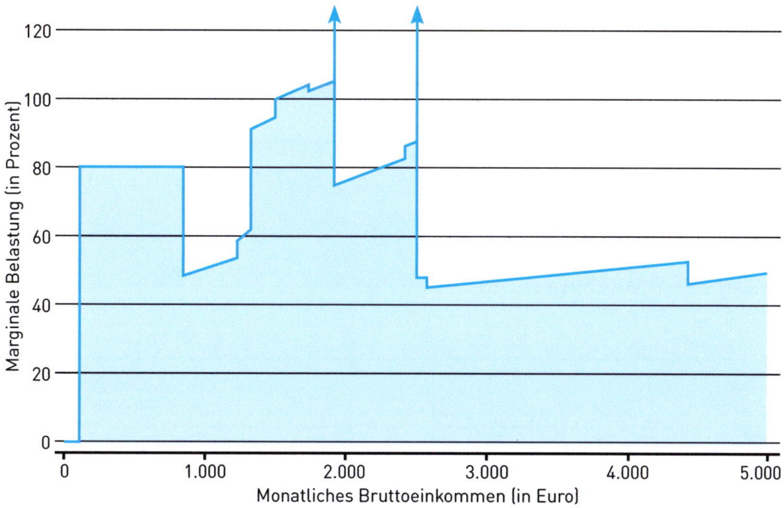

Quelle: ifo-Institut München 2019, Anreize für Erwerbstätige zum Austritt aus dem Arbeitslosengeld II-System und ihre Wechselwirkungen mit dem Steuer- und Sozialversicherungssystem[144], Datenbasis 2018

Wie sich Änderungen an den Parametern auf Musterhaushalte auswirken, lässt sich in Untersuchungen **analysieren und simulieren**. Beispielhaft haben die Bertelsmann Stiftung 2017[145] und die Friedrich-Naumann-Stiftung 2019[146] von ifo-Institut entsprechende Studien erstellen lassen. Das ifo-Institut, eine Forschungsvereinigung an der Universität München, führte auch eine ähnliche Studie 2018 für Bündnis 90/Die Grünen durch.[147]

[144] https://www.ifo.de/publikationen/2019/monographie-autorenschaft/anreize-fuer-erwerbstaetige-zum-austritt-aus-dem S. 27

[145] https://www.bertelsmann-stiftung.de/de/publikationen/publikation/did/inklusives-wachstum-fuer-deutschland-14-grenzbelastungen-im-steuer-abgaben-und-transfersystem

[146] https://www.ifo.de/publikationen/2019/monographie-autorenschaft/anreize-fuer-erwerbstaetige-zum-austritt-aus-dem

[147] https://www.ifo.de/publikationen/2019/monographie-autorenschaft/guaranteed-income-all

Die Grundidee ist, die Spitzen in der Belastung einfach abzuschneiden. **Man definiert nicht den Steuersatz für das, was abgezogen wird, sondern einen Grenzwert für das, was verbleibt.** Die Kappung der effektiven Grenzbelastung führt nach den Simulationen der Studien zur Verbesserung des verfügbaren Einkommens. So lohnt es sich eher, zu arbeiten.

Je nachdem, wie die Parameter eingestellt werden, verändern sich die Einkommenslage, die Beschäftigungswirkung und die Belastung des Staatshaushalts.

Kappung der Grenzbelastung

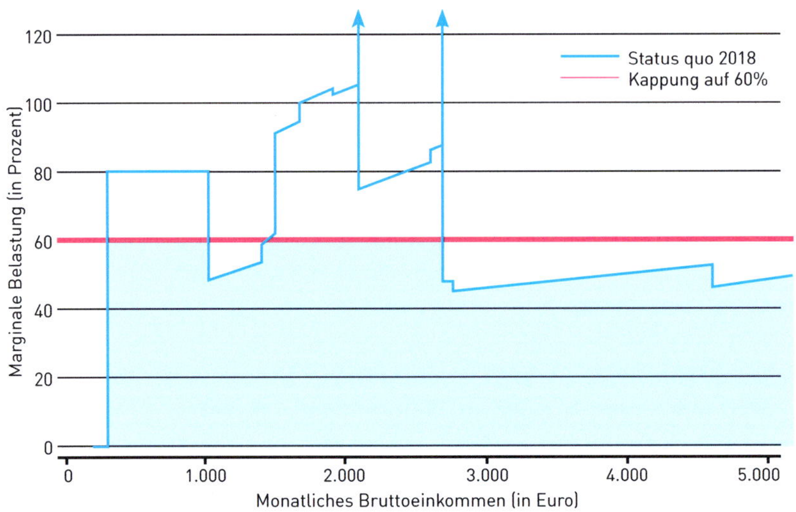

Ein Eigeneinkommen bis 100 Euro ist im heutigen System frei. Anschließend würde die Belastung normalerweise auf 80 % steigen. Dank der Kappung steigt die Belastung aber nur auf 60 %. Auch die Spitzen im weiteren Verlauf werden alle auf 60 % gekappt.

Die Alternative zur **Kappung** ist die **Glättung** des Verlaufs. Bei einer Glättung wird neben der Kappung nach oben zusätzlich von unten gewissermaßen aufgefüllt, wenn die 60 % nicht erreicht werden.

Bei einer Glättung auf 60 % würden dann von den ersten 100 Euro nur noch 40 Euro verbleiben. Die Schwankungen nach oben und unten werden bei einer Glättung eingeebnet.

Die heutigen Regelungen begünstigt vor allem Kleinst- und Mini-Jobs. Darüber wirkt der Transferentzug sehr stark und Empfänger von ALG II bleiben **Gefangene** der Hinzuverdienst-Jobs – die Armutsfalle. Deshalb gehen die Überlegungen für die Ausgestaltung mittels effektiver Grenzbelastung dahin, den **mittleren Bereich zu entlasten und den unteren Bereich zu belasten**.

Insbesondere der Freibetrag von 100 Euro fiele dann weg. Andernfalls würde sich der Transferbereich zu weit nach oben schieben, was zusätzliche öffentliche Finanzmittel benötigen würde. Außerdem bietet der Abstand zu den Löhnen (Lohnabstandsgebot) wenig Spielraum. Die ganze Problematik und Enge verschärft sich, wenn sich durch Kinder der Umfang der Transferzahlungen entsprechend erhöht.

Verbesserung der Zuverdienstregelungen

- ***Anstelle eines Transferentzugs der Sozialleistung richten sich die Hinzuverdienstgrenzen anhand der sogenannten effektiven Grenzbelastung, also der Kombination aus Transferentzug der Sozialleistung und der Belastung durch Steuer- und Beitragszahlungen.***
- ***Die effektive Grenzbelastung wird auf das Bruttogehalt angewandt.***
- ***Der bisher geltende Freibetrag für die ersten 100 € bleibt bestehen, d. h. bis zu 100 € beträgt die Grenzbelastung 0 %.***
- ***Zwischen 100 € und 400 € beträgt die Grenzbelastung 80 %.***
- ***Zwischen 400 € und 700 € beträgt die Grenzbelastung 70 %.***
- ***Ab 700 € beträgt die Grenzbelastung nur noch 60 %.***

Antrag der FDP-Fraktion im Deutschen Bundestag 2019[148]

[148] https://dip21.bundestag.de/dip21/btd/19/150/1915040.pdf

Diese Zielkonflikte sind die Folge, wenn man durch Transferleistungen die Existenz absichert und zugleich die Belastung der Staatsfinanzen nicht begrenzen möchte. Entweder stellt man die Parameter so, dass sich die Arbeitsaufnahme im Niedriglohnbereich lohnt oder eher für den Vollerwerb. Beide Bereiche zugleich besser zu stellen, würde die Staatsfinanzen erheblich belasten.[149]

Zusammenfassung

- Die gesetzliche Integration des Grundeinkommens erfolgt im Einkommensteuergesetz.
- Die Partizipationsbelastung misst die Wirkung der Anrechnung von Eigeneinkommen im Durchschnitt.
- Arbeiten lohnt sich heute für Single-Haushalte vor allem bis 100 Euro, für Haushalte mit einem Hauptverdiener für die zweite Person bis zur Minijob-Grenze.
- Die effektive Grenzbelastung berechnet die Anrechnungswirkung Euro für Euro und zeigt das sprunghafte Verhalten tariflicher Lösungen.
- Ein Kappung und ggf. Glättung der Sprünge reduziert die Spitzenbelastungen.

[149] https://www.iab.de/194/section.aspx/Publikation/k101123p04

8 Bürokratie

Deutschland leistet sich eine aufwendige Sozialbürokratie. Allein zur Unterstützung von Familien gibt es in Deutschland rund 150 unterschiedliche Maßnahmen.[150] Nachstehend betrachten wir an einigen typischen Beispielen die Arbeitsweise der Verwaltungen.

8.1. Überschneidungen

Das Institut für Arbeitsmarkt- und Berufsforschung (IAB) zeigte 2019 in einer Stellungnahme[151], dass es zu erheblichen Überschneidungen zwischen Wohngeld, Arbeitslosengeld II und Kinderzuschlag kommt. Diese Leistungen unterscheiden sich in ihren Zielen und ihrer Ausgestaltung. Zwischen den Zielgruppen gibt es zahlreiche Schnittmengen. Das Nebeneinander erschwert die Wirksamkeit der drei Leistungen. **Es entstehen hohe Informationsaufwände bei den Zielgruppen sowie erhebliche Bürokratiekosten.**

Das Institut der deutschen Wirtschaft stellte fest, dass bei Veränderungen in der Haushaltsstruktur oder dem Einkommen sich die finanzielle Situation durch einen Wechsel zwischen Wohngeld und Arbeitslosengeld II verbessern kann.[152] Darüber hinaus werden die Beträge beim Wohngeld nicht regelmäßig angepasst, so dass nach einer der seltenen Erhöhungen die Haushalte in das Wohngeldsystem strömen. Bei der Wohngeldreform 2016 stiegen die wohngeldbeziehenden Haushalte schlagartig um 37 %.[153] Dieser Drehtüreffekt sorgt für Bewegung ohne Nutzen, aber viel Bürokratie.

[150] https://www.bundestag.de/resource/blob/537342/05df3d8a088c84075637ffbe8aab5f99/WD-9-051-17-pdf-data.pdf

[151] https://www.bundestag.de/resource/blob/658682/62a17dbdcfb6e152b57d6d8c42d1085a/Stellungnahme-IAB-data.pdf

[152] https://www.sozialerfortschritt.de/wp-content/uploads/2019/10/Henger-und-Niehues.docx.pdf

[153] http://fgw-nrw.de/fileadmin/user_upload/Henger_Niehues_IW_2018_Drehtu__reffekt_zwischen_Wohngeld_und_Grundsicherung.pdf Folie 13

8.2. Ausufernde Verwaltung

Nach einer Analyse der Bundesagentur für Arbeit haben Jobcenter im Jahr 2018 rund 60 Mio. Euro ausgegeben, um 18 Mio. Euro für Rückforderungen bis 50 Euro einzutreiben.[154] Die Beitreibungskosten betragen also über das Dreifache der Einnahmen.

Die Bürokratie bewirkt, dass immer mehr Gelder für die Berechnung von Leistungen statt für die Förderung verwendet werden.[155] Ursprünglich war beabsichtigt, dass 80 % des Personals die Aufgaben der Beratung und Vermittlung, und die übrigen 20 % die Berechnung der Leistungen übernehmen. Das Verhältnis betrug 2019 allerdings etwa 50 % zu 50 %. Alleine im Jahr 2018 wurde deshalb über 1 Milliarde Euro für Eingliederungsleistungen in den Bereich der Verwaltungskosten umgeschichtet[156] – Bürokratie statt Hilfe.

Für das Jahr 2020 wurde im Haushalt der Bundesagentur für Arbeit über **ein Viertel des Gesamtbudgets nur für die Verwaltung** eingeplant, 9,5 Mrd. Euro von 36,5 Mrd. Euro[157]. Bedingt durch die COVID-19-Pandemie werden die Leistungsausgaben 2020 und 2021 allerdings erheblich steigen.[158]

Heinrich Alt, ehemaliges Mitglied des Vorstands der Bundesagentur für Arbeit, zeigt in einem Gutachten[159] am Beispiel der **Warmwasserversorgungsmehrbedarfe** den bürokratischen Aufwand. Je nach Alter müssen unterschiedliche Sätze berechnet werden. Überschreitet ein Kind eine Altersgrenze, muss ein neuer Bescheid erstellt werden. Alt plädiert für eine Vereinfachung der Leistungen, denn das Leistungsrecht löse kein Problem. Der einzige Lösungsweg kann nach Alt nur die Konzentration auf die Integration in Ausbildung und Beschäftigung sein.

[154] https://dip21.bundestag.de/dip21/btd/19/140/1914064.pdf

[155] https://dip21.bundestag.de/dip21/btd/19/150/1915040.pdf

[156] https://dip21.bundestag.de/dip21/btd/19/140/1914064.pdf

[157] https://www.arbeitsagentur.de/datei/nhp-2019_ba900136.pdf

[158] https://www.arbeitsagentur.de/presse/2020-50-ba-haushalt-2021-ermoeglicht-stabilisierung-von-ausbildung-und-beschaeftigung-in-schwierigen-zeiten

[159] https://shop.freiheit.org/#!/Publikation/665

Deutsche Präzision trifft auf den Mehrbedarf dezentraler Warmwasserversorgung[160]

(7) Bei Leistungsberechtigten wird ein Mehrbedarf anerkannt, soweit Warmwasser durch in der Unterkunft installierte Vorrichtungen erzeugt wird (**dezentrale Warmwassererzeugung**) und deshalb keine Bedarfe für zentral bereitgestelltes Warmwasser nach § 22 anerkannt werden. Der Mehrbedarf beträgt für jede im Haushalt lebende leistungsberechtigte Person jeweils

1. **2,3 Prozent** des für sie geltenden Regelbedarfs nach § 20 Absatz 2 Satz 1 oder Satz 2 Nummer 2, Absatz 3 oder 4,
2. **1,4 Prozent** des für sie geltenden Regelbedarfs nach § 20 Absatz 2 Satz 2 Nummer 1 oder § 23 Nummer 1 bei Leistungsberechtigten **im 15. Lebensjahr**,
3. **1,2 Prozent** des Regelbedarfs nach § 23 Nummer 1 bei Leistungsberechtigten vom Beginn des siebten bis zur Vollendung des **14. Lebensjahres** oder
4. **0,8 Prozent** des Regelbedarfs nach § 23 Nummer 1 bei Leistungsberechtigten bis zur Vollendung des **sechsten Lebensjahres**.

Prof. Dr. Joachim Mitschke berichtete unter Bezugnahme auf ein RWI-Gutachten von 1994: *„Rund **97 Prozent** der Erwerbstätigenhaushalte, also ohne reine Transferempfänger, finanzieren vollständig die eigenen Sozialleistungen. Die fehlende Saldierung von Steuern und Transfers bläht Steuer- und Sozialhaushalte der verschiedenen Körperschaften mit allen administrativen und steuerausweichenden Folgekosten unnötig auf. Der Fiskus bewegt einen gewaltigen Umverteilungsapparat mit geringem Wirkungsgrad."*[161]

Anders formuliert: **Die meisten zahlen** ihre Sozialleistungen selbst, schicken sie vorher aber durch die **Intensiv-Bürokratie**.

[160] https://www.gesetze-im-internet.de/sgb_2/__21.html

[161] https://www.soziale-marktwirtschaft-erneuern.de/PDF/Mitschke.pdf

Diese wenigen Schlaglichter zeigen, wie komplex und kompliziert sich die heutige Landschaft der Sozialtransfers darstellt. In aufwendigen Antrags- und Prüfverfahren wird der jeweilige Bedarf festgestellt und überwacht. Hilfesuchende sind jedoch meist bereits mit ihrer eigenen Situation stark belastet.

Die komplizierten und aufwendigen Verfahren führen häufig zu einer Überforderung – einem kognitiven Overkill. Ein Antrag darf nicht länger als eine Minute dauern. Es gilt, die Bedürftigen zu unterstützen, nicht die Findigen.

8.3. Antrag auf ALG II

Voraussetzungen für den „Antrag auf Leistungen zur Sicherung des Lebensunterhalts nach dem Zweiten Buch Sozialgesetzbuch (SGB II)" (also ALG II / Sozialgeld) sind:

- **Hilfsbedürftigkeit**: Die finanziellen Mittel reichen nicht für den Lebensunterhalt.
- Das **Mindestalter** ist 15 Jahre und die Regelaltersgrenze[162] zwischen 65 und 67 Jahren wurde noch nicht erreicht.
- Der gewöhnliche **Aufenthalt** ist in Deutschland.
- **Erwerbsfähigkeit**, also nicht durch eine Krankheit oder Behinderung dauerhaft außerstande, mindestens 3 Stunden täglich zu arbeiten. Andernfalls wäre die Erwerbsminderungsrente zu beantragen.

[162] https://www.bmi.bund.de/DE/service/lexikon/functions/bmi-lexikon.html?cms_lv3=9398286&cms_lv2=9391124

Der Hauptantrag wurde während der COVID-19-Pandemie vereinfacht[163] und umfasst in Kurzform folgende Bestandteile[164]:

- Persönliche Daten: Anschrift, Geburtsdaten, Staatsangehörigkeit, Kommunikationsdaten, Rentenversicherungsnummer
- Bedarfsgemeinschaft, also die Mitbewohner wie Partner und Kinder.
- Die Kosten für Unterkunft und Heizung
- Mehrbedarfe, z.B. Schwerbehinderung oder alleinerziehend.
- Einkommensverhältnisse
- Vermögensverhältnisse
- Selbständige Tätigkeiten
- Angaben zu Ansprüchen anderer Sozialleistungen wie Kindergeld oder Wohngeld
- Ansprüche gegenüber Dritten
- Angaben zur Art der Kranken- und Pflegeversicherung

Dazu sind jeweils die entsprechenden Nachweise vorzulegen. Die Prüfungen der Vermögens- und Wohnverhältnisse wurden aufgrund der COVID-19-Pandemie vorübergehend ausgesetzt.[165] Im normalen Antrag vor COVID-19 sind detaillierter Tätigkeiten und Arbeitgeber der letzten 5 Jahre anzugeben sowie Ansprüche gegenüber Dritten. Darüber hinaus wurde der Antrag gestalterisch vereinfacht.

Die geforderten Daten entsprechen im Wesentlichen den Elementen des Existenzminimums. Wie man sieht, ist eine Reihe der Daten auch Teil der Steuererklärung. Andere Informationen wie das Kindergeld und Wohngeld sind staatlichen Stellen ebenfalls bekannt. Die Daten müssten nur zusammengeführt werden. Ein Antragsteller prüft anschließend noch die Daten auf Richtigkeit und korrigiert sie, falls erforderlich. Im Normalfall dauert die Beantragung **nur eine Minute**.

[163] https://www.arbeitsagentur.de/corona-faq-grundsicherung-arbeitslosengeld-2

[164] https://www.arbeitsagentur.de/arbeitslosengeld-2/arbeitslosengeld-2-beantragen

[165] https://www.bmas.de/DE/Corona/Fragen-und-Antworten/Fragen-und-Antworten-Zugang-SGB2/faq-zugang-sgb2.html

Selbstverständlich wäre dazu eine datenschutzrechtliche Regelung oder eine Einverständniserklärung erforderlich. Das oft gehörte Argument, der Datenschutz würde dies nicht erlauben, ist nicht belastbar. Denn im Antrag sind vom Antragsteller genau diese Daten zusammenzuführen. Es ist für den Datenschutz sinnwidrig, wenn Antragsteller an verschiedenen Stellen die gleichen Daten übergeben müssen. Wer beispielsweise ALG I bezieht, einen Minijob hat und wegen hoher Mieten trotzdem noch mit ALG II aufstocken muss, der hat seine Arbeitsverträge, Kündigungsschreiben und Lohnabrechnungen sowohl bei der Bundesagentur wie auch dem Jobcenter abzugeben. Dann wird der Datenschutz zur Gängelung und Selbstzweck, der am Ende nutzlos ist, da die Daten schlussendlich bei beiden Ämtern vorliegen.

Ein integriertes Grundeinkommen würde nicht nur die aufwendige Erstellung des Antrags deutlich vereinfachen, sondern auch die nicht minder aufwendige Bearbeitung durch die Ämter.

8.4. Atmende Verträge

Wer einen Kreditvertrag unterschreibt, bindet ein Teil seines Einkommens an die Abzahlung des Kredits. Gleiches gilt für Mietverträge, Versicherungen und weitere Verpflichtungen. In Krisenlagen können diese Verträge meistens nicht einfach gekündigt werden. Für diesen Kostenblock können zunächst noch vielleicht Rücklagen verwendet werden, aber irgendwann geht einem die Luft aus. Die Verträge sind nicht flexibel, sie atmen nicht.

Der Begriff **Resilienz** leitet sich aus der Psychologie ab und bedeutet die psychische Widerstandsfähigkeit, also die Fähigkeit, schwierige Situationen zu bewältigen. Die Idee der Resilienz gilt es, auf Verträge und Verpflichtungen eines Menschen anzuwenden. In Krisenzeiten müssen Verträge eingefroren werden können, Ausfallversicherungen zum Tragen kommen oder eine Reduzierung möglich sein. Grundsätzlich ist es auch im Interesse eines Verkäufers, dass seine Kunden nicht in die Insolvenz getrieben werden und als Kunden wegfallen. Verträge werden nicht für den Fall gemacht, in dem alles gut läuft, sondern wenn es zu Problemen kommt.

Für Angestellte gibt es heute schon ein Netz für Krisenlagen wie Überstundenabbau, Kurzarbeitergeld, Arbeitszeitkonten[166] und flexible Arbeitszeiten. Besonders Großunternehmen und hier vor allem das verarbeitende Gewerbe nutzen diese Instrumente. Für den Mittelstand und Kleinbetriebe sind sie häufig zu aufwendig oder aufgrund des Kostendrucks nicht realisierbar. Selbständige und Arbeitslose können solche Instrumente in der Regel nicht nutzen.

Krisen kommen immer wieder, sind in ihren Auswirkungen völlig unterschiedlich und können, wie man an der COVID-19-Pandemie sieht, jeden treffen. Die Lebensumstände müssen deshalb **atmend** gestaltet werden, um die Resilienz eines jeden Einzelnen als auch die der Gesellschaft als Ganzes zu stärken.

Ein Grundeinkommen kann nur die Basis liefern. Darauf aufbauend müssen wechselnde Lebensumstände berücksichtigt werden.

8.5. Tod durch Intensiv-Bürokratie

Menschen mit Beeinträchtigungen wie Burn-out, Depression, Psychotraumata, Erschöpfungssyndrom oder Demenz stellen häufig keinen Antrag auf Sozialleistung. Es liegt buchstäblich in der **Natur der Sache**, dass sie dazu nicht in der Lage sind. Darüber hinaus ist es weniger bekannt, dass man auch mit einer psychischen Erkrankung Anspruch auf Grundsicherung, einen Grad der Behinderung oder eine Pflegestufe haben kann. Andere stellen keinen Antrag, weil sie das Verfahren als demütigend empfinden. Wieder andere verfügen nicht über die erforderliche Bildung, um sich mit umfangreichen Anträgen und Verwaltungsvorgängen auseinander zu setzen.

Wer kennt schon alle verfügbaren Leistungen und weiß, ob die Voraussetzungen für die Inanspruchnahme erfüllt sind? Erforderliche Leistungen werden so nicht in Anspruch genommen und die Notlage verschärft sich.

[166] https://www.iab.de/194/section.aspx/Publikation/k101112a01

Wer über ein soziales Netz verfügt, kann auf Hilfe von Verwandten, Freunden oder ehrenamtlichen Helfern hoffen. Aber wie sinnvoll ist es, wenn sich Freunde in Gesetze und Formulare einarbeiten müssen, sich mit Ämtern auseinandersetzen und Experte für Bürokratie werden, anstelle die Zeit für die Unterstützung der Hilfebedürftigen einsetzen? Barrierefreiheit hört nicht bei den Treppenstufen auf.

Auch in anderen Problemlagen sind die Menschen mit sich und ihrer Situation ohnehin bereits stark überlastet. Es fehlt an Zeit und Kraft, sich mit der Bürokratie auseinander zu setzen. Sie stehen einer Vielzahl von Ämtern, unterschiedlichsten Formularen und ausuferndem Unterlagenbedarf gegenüber. Unklarheiten und Fehler bei der Beantragung oder personelle Unterbesetzung in den Ämtern verschleppen die Bearbeitung.

Auf diese Weise verzögert sich die Unterstützung. Oder Menschen fallen gänzlich durch das bruchhafte System. **Bis die Anträge bearbeitet und bewilligt sind, sitzen Betroffene auf dem Trockenen.**

Treibt die Sozialbürokratie nicht wenige schon zur Verzweiflung, so ist es damit noch lange nicht getan: Auseinandersetzungen mit der Krankenkasse bzw. Krankenversicherung wegen hoher Behandlungskosten, langjährige Gerichtsverfahren mit Berufsunfähigkeitsversicherungen, Kampf gegen Gutachtermühlen und peinsame Befragung bei der Pflegeeinstufung. Es trifft gerade die Schwächsten, die irgendwann nicht mehr weiterwissen. Und jeder ist nur einen Unfall, einen Behandlungsfehler oder eine schwere Erkrankung davon entfernt.

> ***„Sie töten einen, bevor man tot ist."***
>
> Aussage einer Palliativpatientin bei der Abrechnung ihrer privaten Kranken- und Pflegeversicherung sowie Beihilfe.

Es ist aber auch für die, die in den Behörden die Fälle bearbeiten, belastend. Manche sind als Sozialpädagoge gestartet, um Menschen zu helfen, können dies aber nicht, weil sie an das bürokratische Raster gebunden sind. Sie führen dann ein Berufsleben als bessere Schreibkräfte, um Statistiken zu befüllen

Zusammenfassung

- Die Überschneidungen und Nebeneinander von Leistungen erschwert ihre Wirksamkeit.
- Es entstehen hohe Informationsaufwände bei den Zielgruppen sowie erhebliche Bürokratiekosten.
- Die Verwaltungsarbeit verlagert sich zunehmend in die Aktenbearbeitung anstelle der individuellen Förderung.
- Die komplizierten und aufwendigen Verfahren führen häufig zu einer Überforderung – einem kognitiven Overkill.
- Grundeinkommen und atmende Verträge verstärken die Resilienz.

9 Kontext

Ein Grundeinkommen ist fundamental und daher korrespondiert es mit einer Vielzahl von anderen Schauplätzen. Selbst wenn das Grundeinkommen nur einen Teil der Sozialleistungen integriert, so ist doch eine Gesamtbetrachtung des Sozialsystems erforderlich. Mehr noch, das Prinzip der negativen Einkommensteuer ist naturgemäß eng mit der Einkommensteuer verzahnt. Aber auch Bildung, Gesundheit und Wohnungseigentum sind wichtige Themen im Kontext eines Grundeinkommens. Darüber hinaus setzen Faktoren wie die Geografie eines Landes, seine Kultur und Bevölkerungsstruktur Rahmen, die die Wirkung eines Grundeinkommens wesentlich beeinflussen.

Eine Auswahl dieser Themen möchte ich nachstehend beleuchten, auch wenn nicht jedes Detail in aller Tiefe betrachtet wird.

9.1. Sozialleistungen

Welche Leistungen des gesamten Sozialsystems in das Grundeinkommen integriert werden sollen, wird sehr unterschiedlich diskutiert. Betrachten wir daher einmal die komplette Liste:

Zum Ende einer Legislaturperiode erstellt die Bundesregierung einen Sozialbericht, so zuletzt 2017.[167] Im Teil A sind alle Maßnahmen in den sozialen Bereichen der vergangenen Legislaturperiode aufgeführt, der Tätigkeitsbericht der Regierung.

Im Teil B des Berichts ist das **Sozialbudget** aufgelistet. Es umfasst folgende Institutionen:

[167] https://dipbt.bundestag.de/doc/btd/18/132/1813260.pdf

- **Sozialversicherungssysteme:**
  - Rentenversicherung (SGB VI)
  - Krankenversicherung (SGB V)
  - Pflegeversicherung (SGB XI)
  - Unfallversicherung (SGB VII)
  - Arbeitslosenversicherung (SGB III)

- **Sondersysteme:**
  - Alterssicherung der Landwirte (ALG)
  - Versorgungswerke (Landerecht)
  - private Altersvorsorge (Einkommensteuergesetz, Gesetz über die Zertifizierung von Altersvorsorge und Basisrentenverträgen)
  - private Krankenversicherung SGB V, Versicherungsvertragsgesetz)
  - private Pflegeversicherung SGB XI, Versicherungsvertragsgesetz)
  - Systeme des öffentlichen Dienstes: Pensionen, Familienzuschläge, Beihilfen (Beamtenversorgungsgesetz, Bundesbeamtengesetz, Bundesbesoldungsgesetz)

- **Arbeitgebersysteme**: Entgeltfortzahlung, betriebliche Altersversorgung einschließlich der Zusatzversorgung des öffentlichen Dienstes, sonstige Arbeitgeberleistungen (Entgeltfortzahlungsgesetz, Betriebsrentengesetz; Gesetz zur Verbesserung der betrieblichen Altersversorgung)

- **Entschädigungssysteme**: Soziale Entschädigung, Lastenausgleich, Wiedergutmachung, sonstige Entschädigungen (Bundesversorgungsgesetz, Soldatenversorgungsgesetz, Zivildienstgesetz, Häftlingshilfegesetz, Opferentschädigungsgesetz, Infektionsschutzgesetz, Strafrechtliches Rehabilitierungsgesetz, Verwaltungsrechtliches Rehabilitierungsgesetz, Gesetz über den Lastenausgleich, Flüchtlingshilfegesetz, Unterhaltssicherungsgesetz)

- **Förder- und Fürsorgesysteme:**
  - Kindergeld und Familienleistungsausgleich (Bundeskindergeldgesetz, Einkommensteuergesetz)
  - Erziehungsgeld/Elterngeld (Bundeselterngeld- und Elternzeitgesetz)
  - Grundsicherung für Arbeitsuchende (SGB II)
  - sonstige Arbeitsförderung (SGB III)
  - Ausbildungs- und Aufstiegsförderung (Bundesausbildungsförderungsgesetz, Aufstiegsfortbildungsförderungsgesetz)
  - Sozialhilfe einschließlich der Grundsicherung im Alter und bei Erwerbsminderung (SGB XII)
  - Kinder- und Jugendhilfe (SGB VIII)
  - Wohngeld (Wohngeldgesetz)

Dieses vielgestaltige System muss finanziert werden. Die Summe all dieser Sozialleistungen ergeben das **Sozialbudget**:

Jahr	Sozialbudget	Bruttoinlandsprodukt	Quote[168]
1995	**523,1 Mrd. €**	1.898,9 Mrd. €	27,5 %
2000	**608,0 Mrd. €**	2.116,5 Mrd. €	28,7 %
2005	**665,5 Mrd. €**	2.300,9 Mrd. €	28,9 %
2010	**768,8 Mrd. €**	2.580,1 Mrd. €	29,8 %
2015	**885,4 Mrd. €**	3.032,8 Mrd. €	29,2 %
2019	**1.040,3 Mrd. €**	3.449,0 Mrd. €	30,2 %

Rund 30 % der gesamten erwirtschafteten Güter, Waren und Dienstleistungen werden also für soziale Leistungen verwendet. Man beachte aber, dass dies eben auch **Renten- und Krankenversicherungen** umfasst. In 2019 betrugen die Rentenversicherung 330,2 Mrd. Euro und die Krankenversiche-

[168] Die Sozialleistungsquote ist das Verhältnis der Ausgaben für Sozialleistungen zum Bruttoinlandsprodukt (BIP).

rung 250,1 Mrd. Euro, insgesamt 580,3 Mrd. Euro von 1.040,3 Mrd. Euro[169]. **Über die Hälfte des Sozialbudgets machen bereits Renten- und Krankenversicherung aus.** Die Förder- und Fürsorgesysteme liegen unter 20 % des Sozialbudgets.

Im Einzelnen berichtet das Bundesministerium für Arbeit und Soziales[170] zum Sozialbudget folgende Leistungen nach Institutionen in Mrd. Euro:

	Leistung	2010	2015	2019	2019 Anteil
	Sozialbudget insgesamt	770.125	888.377	1.040.323	100,0%
1	**Sozialversicherungssysteme**	**471.218**	**534.059**	**629.765**	**60,5%**
11	Rentenversicherung	253.733	282.514	330.203	31,7%
12	Krankenversicherung	173.879	211.876	250.096	24,0%
13	Pflegeversicherung	21.483	27.941	42.391	4,1%
14	Unfallversicherung	12.060	12.872	14.198	1,4%
15	Arbeitslosenversicherung	36.171	27.368	28.186	2,7%
2	**Sondersysteme**	**27.886**	**32.940**	**37.153**	**3,6%**
21	Alterssicherung der Landwirte	2.945	2.767	2.839	0,3%
22	Versorgungswerke	4.323	5.647	6.873	0,7%
23	Private Altersvorsorge	160	305	545	0,1%
24	Private Krankenversicherung	19.654	23.108	25.132	2,4%
25	Private Pflegeversicherung	804	1.113	1.763	0,2%
3	**Systeme des öffentlichen Dienstes**	**60.010**	**71.444**	**84.512**	**8,1%**
31	Pensionen	43.871	53.032	62.963	6,1%
32	Familienzuschläge	3.254	3.599	4.078	0,4%
33	Beihilfen	12.886	14.813	17.472	1,7%

[169] https://www.bmas.de/DE/Service/Publikationen/a230-19-sozialbudget-2019.html

[170] Ebenda

	Leistung	2010	2015	2019	2019 Anteil
4	**Arbeitgebersysteme**	**66.640**	**85.187**	**100.412**	**9,7%**
41	Entgeltfortzahlung	32.793	46.831	58.804	5,7%
42	Betriebliche Altersversorgung	21.938	25.206	26.795	2,6%
43	Zusatzversorgung	10.691	11.894	13.553	1,3%
44	Sonstige Arbeitgeberleistungen	1.218	1.256	1.261	0,1%
5	Entschädigungssysteme	3.227	2.666	2.539	0,2%
51	Soziale Entschädigung	1.968	1.125	768	0,1%
52	Lastenausgleich	31	14	8	0,0%
53	Wiedergutmachung	898	1.075	1.257	0,1%
54	Sonstige Entschädigungen	330	451	507	0,0%
6	**Förder- und Fürsorgesysteme**	**149.007**	**168.852**	**193.079**	**18,6%**
61	Kindergeld und Familienleistungsausgleich	41.955	43.220	47.647	4,6%
62	Erziehungsgeld / Elterngeld	4.778	6.816	7.812	0,8%
63	Grundsicherung für Arbeitsuchende	46.375	42.151	43.331	4,2%
64	Arbeitslosenhilfe / sonstige Arbeitsförderung	552	677	1.101	0,1%
65	Ausbildungs- und Aufstiegsförderung	2.186	2.369	2.143	0,2%
66	Sozialhilfe	25.606	36.585	40.343	3,9%
67	Kinder- und Jugendhilfe	25.648	36.296	49.670	4,8%
68	Wohngeld	1.908	737	1.033	0,1%

Häufig werden für ein Grundeinkommen nur Bestandteile der Förder- und Fürsorgesysteme verwendet. Es wäre ein Erfolg, wenn es gelänge, wenigstens diese Teile in einem Grundeinkommen zu integrieren. Da jedoch die anderen Institutionen mit einem Grundeinkommen korrespondieren, müssen die „Nebenwirkungen" eines Grundeinkommens bedacht werden.

9.2. Familie und Kinder

In Deutschland gibt es rund **150 unterschiedliche familienpolitische Maßnahmen**. Dazu gehören nicht nur Geldleistungen, Leistungen als Teil der Sozialversicherungen sowie steuerrechtliche Maßnahmen, sondern auch Infrastrukturmaßnahmen wie Betreuungseinrichtungen.[171]

Das Kindergeld ist eine monatliche Geldleistung ohne Anrechnung auf eigenes Einkommen. Dies könnte man als bedingungsloses Grundeinkommen für Kinder sehen. Das Kindergeld beträgt 2021 für das erste und zweite Kind 219 Euro, für das dritte Kind 225 Euro und ab dem vierten Kind 250 Euro.[172]

Bei geringem Einkommen gibt es pro Kind monatlich bis zu 205 Euro zusätzlich den Kinderzuschlag. Aufgrund der COVID-19-Pandemie erhielten Kindergeldberechtigte 2020 einmalig 300 Euro Kinderbonus.

Des Weiteren gibt es einen Kinderfreibetrag in der Einkommensteuer in Höhe von 5.460 Euro (2021), ergänzt um einen Freibetrag für den Betreuungs- und Erziehungs- oder Ausbildungsbedarf der Kinder in Höhe von 2.928 Euro, insgesamt 8.388 Euro für das Jahr 2021. Das Finanzamt prüft im Rahmen der jährlichen Einkommensteuerveranlagung automatisch, ob die Kinderfreibeträge oder das Kindergeld günstiger sind.

Interessanterweise verfügen wir **bei Kindern bereits heute über die Komponenten eines Grundeinkommens**: Es gibt einen Sockelbetrag ohne Bedarfsprüfung oder Sanktionen, eine Zulage bei geringem Einkommen sowie einen Freibetrag mit Anrechnung. Eine noch stärkere Integration der Leistungen wird beim Kindergrundeinkommen[173] wie auch dem Kinderchancengeld der FDP[174] vorgeschlagen.

171 https://www.bundestag.de/resource/blob/537342/05df3d8a088c84075637ffbe8aab5f99/WD-9-051-17-pdf-data.pdf

172 https://www.gesetze-im-internet.de/bkgg_1996/__6.html

173 https://www.bundestag.de/resource/blob/648836/b7f33d88fbc5c588eb256d7e90504c6a/WD-9-007-19-pdf-data.pdf

174 https://www.fdp.de/_fdp-will-der-kinderarmut-mit-kinderchancengeld-begegnen

Darüber hinaus ist die Bundesregierung bemüht, die Antragsverfahren digital anzubieten. Die Online-Verfahren sind noch alleinstehend ohne Anbindung an andere Systeme. Es bestehen Pläne, fünf Familienleistungen in einem Kombiantrag zu verbinden.[175]

Kinderchancengeld der FDP von 2019[176]

Alle bisherigen kindesbezogenen Sozialleistungen wie Kindergeld, Wohngeld oder Leistungen aus dem Bildungs- und Teilhabepaket sollen zusammengefasst werden, basierend auf drei Säulen:
Der **Basisbetrag**: Förderung für jedes Kind, unabhängig von der Anzahl der Kinder und dem Elterneinkommen („bedingungslos").
Der **Flexibetrag**: Unterstützung bei Bedürftigkeit (einkommensabhängige Förderung) und kinderreiche Familien (ab dem 3. Kind).
Das **Chancenpaket**: Umfasst Leistungen für Bildung und Teilhabe und soll bedürftigen Kindern einen Zugang zu Angeboten wie Sportverein, Musikunterricht oder Nachhilfe sichern.

Es ist also naheliegend auch im Rahmen eines Grundeinkommens für Kinder einen pauschaler Basisbetrag und einen bedarfsabhängigen Zusatzbetrag vorzusehen. In den meisten Konzepten sind diese Beträge niedriger als bei den Eltern, zum Teil gestaffelt nach Alter. Im Sinne des Grundeinkommens handelt es sich um das Grundeinkommen des Kindes.

Wenn die einzelnen Beträge der Familienmitglieder nicht insgesamt als Familieneinkommen (Bedarfsgemeinschaft) gerechnet werden, besteht das Problem, dass Familienmitglieder Grundeinkommen beziehen, während andere Familienmitglieder mit eigenem Einkommen Steuern zahlen. Passend dazu gibt es Forderungen, das Ehegattensplitting in ein Familieneinkommen umzubauen, aber auch andere Modelle[177] werden diskutiert.

[175] https://www.bundesregierung.de/breg-de/aktuelles/digitale-familienleistungen-1770682

[176] https://dserver.bundestag.de/btd/19/076/1907692.pdf

[177] https://www.iwd.de/artikel/ehegattensplitting-reformieren-aber-wie-452657/

Deutschland ist eines der wenigen Länder mit Ehegattensplitting, in anderen Ländern sind andere Konzepte[178] umgesetzt.

Alleinerziehende sind eine häufig von der Grundsicherung betroffene Gruppe, so dass sie bei diesen Modellen deutlich betrachtet und berücksichtigt werden müssen. Unterhaltsleistungen könnten auf der einen Seite als Ausgabe, auf der anderen Seite als Einkommen (wie jedes andere) gerechnet werden und so die Berechnung vereinfachen.

Ein weiterer Gesichtspunkt sind Kinder in der Ausbildung, insbesondere, wenn sie volljährig sind. Hier könnten Kindergeld, Freibeträge und Ausbildungsförderung (BAföG) zusammengeführt werden. Unterhaltsansprüche der Kinder würden als Einkommen betrachtet werden.

Trotz aller familienpolitischen Maßnahmen beträgt die **Geburtenrate** 2019 nur 1,54 in Deutschland.[179] Dabei wird der Schnitt durch Frauen mit ausländischer Staatsangehörigkeit noch gehoben. Kinder sind die Grundlage für den dauerhaften Bestand einer Bevölkerung und damit letztlich auch eines Staates. Notwendig wäre aus Sicht eines Staates also eine Geburtenrate von über 2,0. Entweder sind die obigen Maßnahmen nicht ausreichend oder nicht wirksam genug – oder beides.

Besonders Frauen im besten gebärfähigen Alter befinden sich bei geringer soziale Absicherung in der Ausbildung oder Berufseinstieg. Bei Erstgeborenen waren die Mütter im Jahr 2019 im Durchschnitt 30 Jahre und die Väter 33 Jahre alt, Tendenz steigend.[180] Die Entscheidung für Kinder zwingt oft zu einem Teilausstieg aus der eigenen Entwicklung und dem Risiko eines Karriereknicks. In Ostdeutschland besteht eine stärkere Akzeptanz und Verfügbarkeit von Kinderbetreuungseinrichtungen, so dass Mütter dort leichter erwerbstätig sein können.[181]

[178] https://de.wikipedia.org/wiki/Ehegattensplitting#Andere_L%C3%A4nder

[179] https://www.destatis.de/DE/Themen/Gesellschaft-Umwelt/Bevoelkerung/Geburten/_inhalt.html

[180] https://www.destatis.de/DE/Presse/Pressemitteilungen/2020/10/PD20_411_12.html

[181] https://www.bib.bund.de/Publikation/2012/Keine-Lust-auf-Kinder-Geburtenentwicklung-in-Deutschland.html

9.3. Alleinstehende

Die Zahl der Single-Haushalte steigt kontinuierlich[182]. Von den über 18 Mio. alleinstehenden Bundesbürger leben die meisten alleine.[183] Der klassische Familienverband mit vielen Kindern einschließlich der Großeltern und Dienstboten galt als Modell für das Agrarzeitalter. In der Industriegesellschaft herrschte das Muster verheirateter Eltern mit zwei bis drei Kindern vor. Heute lösen sich diese festen Strukturen auf und weichen eher losen Bindungen. Nur in 0,4% der Haushalte leben heute Jung und Alt zusammen.[184]

Die Gruppe der Alleinstehenden ist sehr heterogen, von Studierenden in einer Universitätsstadt bis zu verwitweten Senioren, von bewusster Entscheidung für ein Single-Dasein, bis zu ungünstigen Lebensumständen und Erkrankungen, die Menschen in die Isolation drücken.

Bei den ALG II-Zugängen sind Alleinstehende mit 41,1 % eine sehr große Gruppe, deren Anteil im Verhältnis zur Gesamtbevölkerung rund doppelt so hoch ist. Bei Alleinstehenden ist die Partizipationsbelastung im Niedriglohnbereich bei Aufnahme eines Vollzeitjobs mit etwa 75 bis 80 % besonders hoch. Sie können den Skalenvorteil einer Bedarfsgemeinschaft nicht nutzen. Alleinstehenden fehlt das innerfamiliäre Auffangnetz, ganz besonders im Krankheits- oder Pflegefall.

Diese wenigen Gesichtspunkte lassen die Notwendigkeit erkennen, dass Alleinstehende bei der Ausgestaltung eines Grundeinkommens besonders betrachtet werden müssen und insbesondere die vielfältigen Lebenslagen zu differenzieren sind.

[182] https://www.destatis.de/DE/Themen/Gesellschaft-Umwelt/Bevoelkerung/Haushalte-Familien/Tabellen/4-3-lr-alleinstehende.html

[183] https://www.destatis.de/DE/Themen/Gesellschaft-Umwelt/Bevoelkerung/Haushalte-Familien/Tabellen/4-1-alleinstehende.html

[184] https://www.destatis.de/DE/Presse/Pressemitteilungen/2020/11/PD20_N073_122.html

9.4. Vermögen

Für privates Vermögen gilt ebenfalls das Subsidiaritätsprinzip, d.h. eigenes Vermögen ist vor öffentlichen Geldern zu verwenden. Wer Vermögen in seinem Leben aufgebaut hat, soll aber auf der anderen Seite dafür nicht bestraft werden. Deshalb wird ein Teil des Vermögens geschont.

Nach §12 SGB II werden für die Alterssicherung bestimmte Vermögensgegenstände und Rechte in „angemessenem Umfang" als Freigrenze geschont:

- Grundfreibeträge von 150 Euro pro Lebensjahr
- Altersvorsorge aus „Riester-Anlageformen"
- Freibetrag für sonstige Altersvorsorge von 750 Euro pro Lebensjahr, wenn die Vermögensverwertung vor Eintritt in den Ruhestand nicht möglich ist
- Freibetrag für notwendige Anschaffungen in Höhe von 750 Euro
- Selbstgenutztes Wohneigentum, Kraftfahrzeug und Hausrat

Da Vermögen auch Einkommen erzeugt, ist bei einer Einkommensanrechnung eine indirekte Anrechnung von Vermögen integriert. Ab einem gewissen Vermögen mit entsprechendem Ertrag wäre die Grenze für ein Grundeinkommen automatisch überschritten und ein Bezug von Grundeinkommen mit Anrechnung von Eigeneinkommen nicht möglich.

Es besteht folglich noch ein **Korridor** oberhalb dieses Schonvermögens und unterhalb eines Wohlstand-Vermögens, das Einkommen über der Grenze für ein Grundeinkommen generiert.

Grundsätzlich könnte man auch dieses **Korridor-Vermögen** von einer Anrechnung freistellen. Allerdings dient der Vermögensaufbau in jungen Jahren gerade dem Verzehr in Alter. Wer auf einen Vermögensaufbau verzichtet, hätte im Alter einen Vorteil gegenüber denjenigen, die gespart haben. Es macht also einen Unterschied, ob sich ein Leistungsbezieher in der Phase des Aufbaus von Vermögen befindet, oder in der Nutzungsphase. Auch der Berufsstand spielt eine Rolle.

Besonders kritisch ist der Rückgriff auf Vermögen für **Selbständige**. Das Gesetz[185] sieht vor, dass für die Altersvorsorge bestimmt Vermögensgegenstände in angemessenem Umfang nicht berücksichtigt werden, wenn die Person von der Versicherungspflicht in der gesetzlichen Rentenversicherung befreit ist. Als angemessen gilt im Rahmen der Regelung wegen der COVID-19-Pandemie[186] ein Vermögen bis 8.000 Euro pro Jahr der Selbständigkeit.[187] Der Betrag ist nicht gesetzlich geregelt, sondern basiert auf Überlegungen der Bundesagentur für Arbeit. Die Höhe des Betrages orientiert sich an den Beiträgen für eine durchschnittliche Rente in der gesetzlichen Rentenversicherung. Für versicherungsfreie Personen gilt die Regelung nicht, hier kann allenfalls die besondere Härte nach § 12 Abs. 3 Nr. 6 SGB II[188] angeführt werden.

Allerdings müssen Selbständige mit höheren Kosten im Alter rechnen, etwa für die Krankenversicherung. Und sie können die steigende Lebenserwartung auch nicht einfach auf die nachfolgende Generation abwälzen. Selbständige müssen so kalkulieren, dass sie auch hundert Jahre und älter werden können, ohne ihr Dasein zu gefährden. Insgesamt sind dies für Selbständige unbefriedigende Rahmenbedingungen.

[185] https://www.gesetze-im-internet.de/sgb_2/__12.html

[186] https://www.gesetze-im-internet.de/sgb_2/__67.html

[187] https://www.bmas.de/DE/Corona/Fragen-und-Antworten/Fragen-und-Antworten-Zugang-SGB2/faq-zugang-sgb2.html

[188] https://www.gesetze-im-internet.de/sgb_2/__12.html

Anpassung des Schonvermögens im SGB II

- *Deutliche Erhöhung des Schonvermögens*
- *Ausweitung des speziell zur Altersvorsorge vorgesehenen Schonvermögens*
- *Ausnahme der selbst genutzten Immobilie aus der Anrechnung*
- *Ausnahme des für die Erwerbstätigkeit benötigten Kraftfahrzeugs aus der Anrechnung*

Antrag der FDP-Fraktion im Deutschen Bundestag 2019[189]

Würden alle zu einer **Mindestsicherung im Alter** verpflichtet werden, dann wäre ein Grundeinkommen im Alter nicht erforderlich und auf den Vermögenszugriff könnte verzichtet werden. Dazu müsste jeder verpflichtet werden, in jungen Jahren eine Altersvorsorge mindestens in Höhe der Transfergrenze abzusichern (Schweizer Modell). Diese Vorsorge könnte allerdings nur als langfristiges Ziel über mindestens ein halbes Jahrhundert aufgebaut werden, da nur die Neuzugänge in das Berufsleben entsprechend verpflichtet werden könnten.

Wie man sieht, sind Vermögensaufbau, Altersvorsorge und Grundeinkommen miteinander verflochten. Verändern sich die Bedingungen für ein Element, so wirkt dies auch auf die anderen Elemente. Das gilt für im besonderen Maße für das Wohnen.

9.5. Wohnen

Ein Dach über dem Kopf, ein eigenes Fleckchen auf dieser Erde, gehört zu den elementaren Notwendigkeiten menschlicher Existenz. Doch Deutschland gehört beim Wohneigentum in Europa zu den Schlusslichtern. Nur etwas mehr als die Hälfte der Haushalte in Deutschland lebt im Eigentum.

[189] https://dip21.bundestag.de/dip21/btd/19/150/1915040.pdf

Die **Wohneigentumsquote** (home ownership rate[190]) berechnet den Anteil der Wohnungseigentümer im Verhältnis zu den Mietern.

Wohneigentumsquote[191] in Europa 2018/2019[192]:

Land	%
Rumänien	95,8
Ungarn	91,7
Slowakei	91,3
Litauen	90,3
Kroatien	89,7
Polen	84,2
Bulgarien	84,1
Serbien	83,3
Estland	81,7
Norwegen	80,3
Lettland	80,2
Tschechien	78,6
Spanien	76,2
Griechenland	75,4
Slowenien	74,8
Portugal	73,9

Land	%
Island	73,6
Italien	72,4
Belgien	71,3
Finnland	71,1
Luxemburg	70,9
Irland	70,3
Niederlande	68,9
Zypern	67,9
Ver. Königreich	65,2
Frankreich	65,1
Schweden	63,6
Dänemark	60,8
Türkei	59,0
Österreich	55,2
Deutschland	51,1
Schweiz	42,5

[190] https://en.wikipedia.org/wiki/List_of_countries_by_home_ownership_rate

[191] Die Eigentümerquote des Statistischen Bundesamts erfasst nur die selbstgenutzten Wohnungen und ist daher mit 46,5 % für Deutschland niedriger. https://www.destatis.de/DE/Themen/Gesellschaft-Umwelt/Wohnen/_inhalt.html

[192] https://de.statista.com/statistik/daten/studie/155734

Auch international sind die Wohneigentumsquoten meist höher als in Deutschland[193]: China 89,7 %, Russland 87,3 %, Indien 86,6 %, Brasilien 74,4 %, Kanada 66,3 %, Australien 65,5 % und USA 65,3 %.

Eine Ursache für diese Entwicklung: In Ländern wie Rumänien hat der Staat nach dem Ende des Kommunismus die Immobilien günstig an Privatpersonen abgegeben. In Deutschland wurden die Immobilien, die der Staat nach dem 2. Weltkrieg gebaut bzw. enteignet hatte, vor allem an Investoren verkauft.

In Europa sind 24,6% der Personen in **Mieterhaushalten armutsgefährdet**, während dies nur auf 8,5% der Wohneigentümerhaushalte zutrifft.[194] In Deutschland liegt das Risiko mit 28,0 % in Mieterhaushalte zu 13,2 % in Wohneigentümerhaushalte etwas über dem Doppelten. Vermutlich verteilt sich aufgrund der hohen Zahl an Mietern das statistische Risiko stärker.

Steigend ist der Anteil, der vom Einkommen für die Miete aufgewendet werden muss. Die sogenannte Mietbelastungsquote ist der prozentuale Anteil der Miete am Nettoeinkommen. Im Landkreis Bautzen ist die Mietbelastungsquote mit knapp 23 % am niedrigsten, während sie im Landkreis Fürstenfeldbruck mit über 35 % am höchsten ist.[195] Besonders bei Neubauten steigt die Mietbelastungsquote, in Berlin liegt sie bereits bei 41,3 %.[196]

Wohnungseigentum ist nicht nur eine Absicherung in Krisenlagen, sondern auch eine profunde Altersvorsorge. Dies gilt insbesondere in Anbetracht des niedrigen Rentenniveaus in Deutschland. Eine höhere Eigentumsquote wirkt auch der Vermögensungleichheit entgegen. Diejenigen Länder mit einer niedrigen Wohneigentumsquote weisen laut einer Untersuchung der Bundesbank[197] auch die höchste Vermögensungleichheit auf. So liegt das Maß für die Ungleichheit, der Gini-Koeffizient, in Deutschland

[193] https://de.qaz.wiki/wiki/List_of_countries_by_home_ownership_rate

[194] https://vdiv.de/hp136258/Armutsgefaehrdungsquote-von-Mietern-und-Eigentuemern.htm

[195] https://www.presseportal.de/pm/31321/4743020

[196] https://daserste.ndr.de/panorama/Miete-frisst-immer-mehr-vom-Einkommen,baukosten110.html

[197] https://www.bundesbank.de/de/publikationen/forschung/research-brief/2020-30-wohneigentumsquote-822090

und Österreich um die 0,75, während er in Spanien und Griechenland unter 0,60 liegt.

Wohneigentumsquoten und Vermögensungleichheit im Euroraum
Korrelation = -89

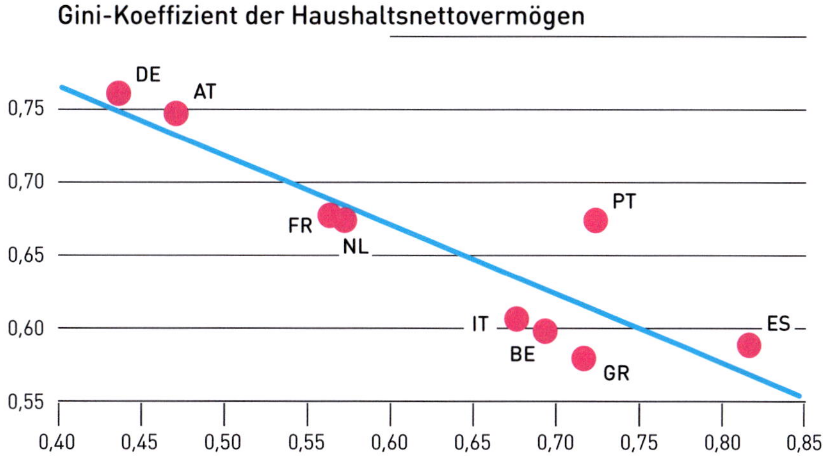

DE=Deutschland, AT=Österreich, FR=Frankreich, NL=Niederlande, IT=Italien, BE=Belgien, GR=Griechenland, PT=Portugal, ES=Spanien

Quelle: Deutsche Bundesbank

Die Kosten für den Erwerb von Immobilien sind in Deutschland deutlich höher als in seinen Nachbarländern, ausgenommen Belgien.[198] Spitzenreiter ist München mit über 8.000 Euro/qm.[199] Deshalb sind Konzepte für Senkung der Gesamtkosten von Immobilien erforderlich.

Die Bundesbank schlägt u.a. vor, die Grunderwerbssteuer zu senken und Privatpersonen die Abzugsfähigkeit von Hypothekenzinsen zu ermöglichen. Doch auch dies wird die starken Unterschiede nicht ausgleichen können.

[198] https://shop.freiheit.org/#!/Publikation/919

[199] https://www.postbank.de/unternehmen/medien/meldungen/2020/april/immobilienpreise-weiter-im-aufwind.html

Ein Grundeinkommen kann nicht allzu viel für die Verbesserung der Wohneigentumsquote beitragen. **Es ist genau umgekehrt**: Immobilieneigentum trägt ganz wesentlich zur Existenzsicherung bei. Dies gilt besonders in Krisensituationen.

Darüber hinaus sinken die öffentlichen Kosten für das Grundeinkommen, wenn keine Miete übernommen werden muss. Zwar sind dann Aufwendungen für den Erhalt erforderlich, diese sind aber geringer als eine Miete und können bei vorübergehenden Krisen zumindest gestreckt werden.

Problematisch kann allerdings eine Kreditfinanzierung der Immobilie sein, wenn die Verträge keine Flexibilität bieten. Ein Grundeinkommen könnte hier jedoch als Baustein zur Risikoabsicherung beitragen.

Die Wohnungspolitik muss viel stärker auf den Aufbau eines Immobilienvermögens achten. Neben dem Grundeinkommen braucht ein Mensch buchstäblich auch ein **Grundvermögen**.

9.6. Altersvorsorge

Die Altersvorsorge in Deutschland krankt an zwei Ursachen: Zum einen verfügen viel zu wenige Menschen über eine eigene Immobilie und müssen im Alter Miete zahlen. Zum anderen wirkt sich die Entscheidung von Konrad Adenauer[200] 1957 für ein umlageorientiertes[201] Rentensystem[202] fatal[203] aus. Von den Gewinnen der kraftvollen wirtschaftlichen Entwicklung Deutschlands nach dem zweiten Weltkrieg bis heute konnten zwar Aktionäre partizipieren, nicht jedoch Rentner. Über eine betriebliche Zusatzvorsorge sind

[200] Adenauer war erster Bundeskanzler der Bundesrepublik Deutschland 1949-1963.

[201] Genauer: 1957 wurde das Abschnittsdeckungsverfahren eingeführt und 1969 auf das Umlageverfahren umgestellt.

[202] Es ist ein weitverbreiteter Irrtum, dass Otto von Bismarck, erster Reichskanzler des Deutschen Reiches 1871 bis 1890, das Umlageverfahren begründet hat. Das Bismarck´sche Rentensystem war kapitalgedeckt aufgebaut.

[203] Über die Reform 1957 und die folgenden jahrzehntelangen Verschlimmbesserungen hat die ehemalige Bundestagsabgeordnete Gisela Babel mit „Die Gesundbeter – Rentendebatten in Deutschland" ein lesenswertes Buch geschrieben. https://www.academia-shop.de/titel/die-gesundbeter-id-88853/

zwar immerhin auch ein Teil der Angestellten ein Stück weit beteiligt. Doch diese Entscheidung von Adenauer führte langfristig zu Wohlstandsverlusten für einen Großteil der Bevölkerung.

> ***„Allein wird die gesetzliche Rente künftig den gewohnten Lebensstandard im Alter nicht mehr sichern können."***
> CDU-Grundsatzprogramm 2007[204]

Zwar wird durch das Rentensystem eine Sozialbedürftigkeit im Alter grundsätzlich vermieden. Die Durchschnittsrente betrug 2019 laut Rentenatlas[205] brutto 1.413 Euro, netto 1.269 Euro. Das bewegt sich am Rande des Existenzminimums, im Durchschnitt wohlgemerkt.

Daher gibt es bei einer ernst zu nehmenden Zahl (2019 über 1 Millionen[206]) an Rentnern und Erwerbsunfähigen eine Differenz zwischen Existenzminimum und eigenen Einnahmen. Diese Differenz stockt die Grundsicherung im Alter auf. Die heutige Grundsicherung im Alter wurde 2005 durch eine weitgehende Integration einer bis dahin eigenständige Grundsicherung im Alter in das allgemeine Grundsicherungssystem geschaffen.

Bis 2004 unterlagen die Rentenbeiträge einer Besteuerung. Seit 2005 bis 2040 wird schrittweise auf die **nachgelagerte Besteuerung**[207] umgestellt. Es werden nicht mehr die Rentenbeiträge besteuert, sondern die ausgezahlte Rente. Damit wird die Rente in das übliche Besteuerungsverfahren eingepasst, d.h. die Einnahme wird besteuert. Im Grundsatz ist das sinnvoll.[208] Da manche Rentenbezieher noch arbeiten, wenn auch meist nur Teilzeit, oder andere Einnahmequellen haben, ist das Verfahren über alle Einkommens-

[204] https://www.cdu.de/grundsatzprogramm-2007

[205] www.deutsche-rentenversicherung.de/rentenatlas

[206] https://www.destatis.de/DE/Themen/Gesellschaft-Umwelt/Soziales/Sozialhilfe/Tabellen/zgs-t06-2019-bq4-empf-bl-alter-geschl.html

[207] https://de.wikipedia.org/wiki/Nachgelagerte_Besteuerung

[208] In der Übergangsphase besteht möglicherweise das Problem einer Doppelbesteuerung. Klagen dazu sind beim Bundesfinanzhof anhängig.

arten hinweg einheitlich. Durch die nachgelagerte Besteuerung ist für die Rente keine gesonderte Regelung für die Besteuerung erforderlich.

Bedarf	Betrag
Regelbedarfsstufe 1, § 28 SGB XII	446,00 €
Aufstockung München[209]	22,00 €
Merkzeichen ‚G' (erheblich gehbehindert)	79,56 €
Tatsächliche Kosten der Unterkunft, §§ 35, 42a SGB XII	
- Grundmiete (ggf. abzgl. Leistungen n. § 113 Abs. 5 SGB IX)	500,00 €
- Heizkosten	27,00 €
- Nebenkosten	86,00 €
Summe Bedarf	**1.160,56 €**
Einkommen	
Altersrente	1.016,29 €
Monatliche Leistung	144,27 €

Beispiel einer Bedarfsberechnung für die Leistungen nach dem 4. Kapitel des SGB XII (Grundsicherung im Alter und bei Erwerbsminderung) mit einem Mehrbedarf aufgrund erheblicher Gehbehinderung und einer Aufstockung für München

Rentenbezieher hätten mit einer negativen Einkommensteuer einen positiven Effekt für eine erwirtschaftete Rente, durchaus im Sinne „Leistung soll sich lohnen". Das Grundeinkommen würde wie eine betriebliche Zusatzrente wirken. Das ist aber eigentlich keine Aufgabe des Grundeinkommens, sondern müsste vielmehr während der Erwerbsphase erfolgen. Je nach Ausgestaltung des Grundeinkommens, insbesondere des Anrechnungsfaktors, könnte dies die staatlichen Ausgaben für ein Grundeinkommen deutlich erhöhen. Behandelt man dagegen Erwerbsleben und Rentenbezug unterschiedlich, hat man eine Bruchkante beim Übergang. Eine Va-

[209] https://www.muenchen.de/rathaus/Stadtverwaltung/Sozialreferat/Sozialamt/regelsaetze.html

riante ist die teilweise Anrechnung auf private und betriebliche Zusatzversorgungen zu beschränken.

Bei der heutigen Grundsicherung im Alter muss grundsätzlich Vermögen zuerst eingesetzt werden.[210] Aufgebautes Vermögen dient genau dem Zweck, im Alter verwendet zu werden. Allerdings verfügen Menschen mit einer niedrigen Rente zumeist über nur ein geringes Vermögen. Immerhin sägen die Vorschriften nicht am Ast der Existenzsicherung, insbesondere eine selbst genutzte Eigentumswohnung ist außen vor, sofern deren Größe als angemessen gilt.

Altersvorsorge muss sich lohnen

„Wir Freie Demokraten halten es für richtig, die Einkünfte aus privater und betrieblicher Altersvorsorge nur teilweise auf die Grundsicherung im Alter anzurechnen. Auch über die vorgesehenen Begrenzungen soll Vorsorge nur prozentual die Leistungen aus der Grundsicherung mindern. Denn freiwillige Altersvorsorge muss sich für jeden immer auszahlen. Das betrifft zum Beispiel viele Menschen, die lange arbeitslos waren, Teilzeit gearbeitet oder wenig verdient haben. Es kann nicht sein, dass Einnahmen aus der freiwilligen Vorsorge vollständig auf die Grundsicherung angerechnet – also voll abgezogen werden. Wir finden: Der Anreiz zur zusätzlichen Altersvorsorge gegen Altersarmut muss erhalten bleiben."

Auszug aus dem FDP-Bundestagswahlprogramm 2017[211]

Der Bedarf einer Grundsicherung im Alter könnte reduziert werden oder ganz entfallen, wenn eine **Pflicht zur Altersvorsorge** auf dem Niveau des Existenzminimums bestünde.

[210] https://www.gesetze-im-internet.de/sgb_12/__43.html

[211] https://www.freiheit.org/wahlprogramme-der-fdp-zu-den-bundestagswahlen

Eine **verpflichtende Grundrente** entspräche dem Schweizer System. In der Schweiz sichert die Alters- und Hinterlassenenversicherung (AHV) die Grundversorgung im Alter. Sie ist als Volksversicherung konzipiert, d.h. jeder ist versichert und alle Erwerbstätigen, einschließlich Selbständige und Beamte, zahlen Beiträge. Im Gegensatz dazu orientiert sich das deutsche System an dem persönlichen Lebensstandard und Berufsstand. Allerdings hängt der Lebensstandard nicht nur von der Erwerbsbiografie ab, sondern auch vom Wohnort. Hohe Lebenshaltungskosten, insbesondere hohe Mieten, reduzieren den Lebensstandard erheblich.

Die Alternative zu einer Pflichtversicherung ist eine **Versicherungspflicht**, d.h. der Versicherungspflichtige muss zwingend eine Versicherung abschließen, ist aber frei in der Wahl der Versicherungsgesellschaft.

Die seit 1.1.2021 in Deutschland auf Betreiben der SPD neu eingeführte Grundrente ist keine eigenständige Leistung, sondern erhöht die Rente für diejenigen, die lange gearbeitet haben (mindestens 33 Jahre Grundrentenzeiten), aber unterdurchschnittlich verdient haben (höchstens 80% des Durchschnittverdiensts). Der Zuschlag wird sich voraussichtlich im Schnitt auf rund 75 Euro monatlich belaufen.[212]

Alternativ wäre eine **Grundrente aus Steuermitteln** denkbar. Das heutige System der gesetzlichen Rentenversicherung (GRV) ist bereits zu rund einem Viertel[213] steuerfinanziert. Dazu tragen auch Steuerzahler bei, die nicht rentenversichert sind. Ebenso ist die Verfahrensweise schon sehr nahe an einer staatlichen Rente. Die Einzahlungen werden nicht für einen individuellen Kapitalstock verwendet, sondern finanzieren die aktuellen Renten. Aus den Einzahlungen ergeben sich individuelle Ansprüche für später, deren finanzieller Umfang aber ebenfalls erst später festgelegt wird. Um eine Überbeanspruchung der Einzahler zu vermeiden, sichert § 154 Abs. 3 SGB VI[214] eine Höchstgrenze der Beiträge relativ zum Einkommen zu, die allerdings 2030 ausläuft.

[212] https://www.deutsche-rentenversicherung.de/DRV/DE/Rente/Grundrente/grundrente.html

[213] www.deutsche-rentenversicherung.de/rentenatlas Seite 4

[214] https://www.gesetze-im-internet.de/sgb_6/__154.html

Ziel eines Grundeinkommen muss es sein, auf die Altersvorsorge viel früher einzuwirken, indem es die individuelle Entwicklung stabilisiert und Einbrüche in der Erwerbsbiografie geringhält. Zugleich muss in der Erwerbsphase dafür gesorgt werden, dass im Alter der Bedarf für ein Grundeinkommen, heute Grundsicherung im Alter, vermieden wird. Die Politik muss hierfür die Rahmenbedingungen setzen.

9.7. Krankheit

Das menschenwürdige Existenzminimum berücksichtigt auch die Gesundheitsaufwendungen. Das Bundesverfassungsgericht lässt allerdings offen, ob diese durch einen Geldbetrag oder Dienstleistung realisiert wird. Naheliegend ist, eine Integration in das bestehende System der Krankenversicherung – ähnlich wie bei einem Midijob – anzustreben, und so eine weitere Zersplitterung im Gesundheitssystem zu vermeiden.

Bei ALG II zahlt das Jobcenter die Beiträge für die Kranken- und Pflegeversicherung.[215] Privatversicherte können u.U. einen Zuschuss erhalten, maximal die Hälfte des individuellen Basistarifs. Einen solchen Basistarif bieten die privaten Kranken- und Pflegeversicherungen an.[216] Im Gegensatz zu ALG II-Beziehern müssen privatversicherte ALG I-Bezieher in die gesetzliche Krankenversicherung wechseln. Sofern sie die Altersgrenze von 55 Jahren erreicht haben, bleiben sie allerdings in der Privatversicherung.

Für gesetzlich Versicherte im Angestelltenverhältnis passt sich der Beitrag automatisch mit den Einnahmen an. Selbständige müssen für eine Beitragsanpassung entsprechende Nachweise erbringen. In der Privatversicherung können Selbständige durch einen Tarifwechsel die Kosten senken.

Weitergehend ist der Vorschlag einer **Bürgerversicherung** für alle, sprich, eine gesetzliche Grundversicherung im Krankheitsfall plus private Zusatzversicherungen. Grundsätzlich wäre dies die Abkehr vom Prinzip der verti-

[215] https://www.arbeitsagentur.de/arbeitslosengeld-2/gesundheit-versicherung

[216] https://www.pkv.de/wissen/private-krankenversicherung/brancheneinheitliche-tarife/

kalen Säulen hin zu einem horizontalen Schichtenmodell. Die Wahl für ein Säulen- oder Schichtenmodell ist unabhängig davon, ob die Versicherungen gesetzlich oder privat sind. Anstelle einer **Pflichtversicherung** wäre auch eine **Pflicht zur Versicherung** möglich, sofern die Versicherungen zwingend jeden versichern müssen (Kontrahierungszwang).

Daten des Gesundheitswesens[217]

- 69,8 Mio. Bundesbürger sind gesetzlich versichert, davon 18,5 Mio. mit einer Zusatzversicherung.[218]
- 1,4 Mio. Selbständige sind freiwillig Mitglied einer gesetzlichen Krankenversicherung.[219]
- **3,1 Mio. ALG II-Bezieher** waren 2020 versichert.[220]
- Jeweils rund 133.000 Personen wechseln jährlich von der privaten in die gesetzliche Versicherung oder umgekehrt.[221]
- Die 8,8 Mio. Privatversicherte sind 11,2% aller Versicherten.[222]
- Die Gesundheitsausgaben betrugen 2018 mit 390,2 Mrd. Euro rund 11,7% des Bruttoinlandsprodukts.
- Im Jahr 1992 betrug die Zahl der gesetzlichen Kassen 1.223 und im Jahr 2020 nur noch 105.[223]

Ein Grundeinkommen muss ebenso Gesundheitsaufwendungen berücksichtigen. Bezieher eines Grundeinkommens müssen in allen Varianten mindestens einen Basistarif erhalten. Die Ausgestaltung der Versicherungsstruktur ist Teil der Gesundheitspolitik. Auch hier gilt, dass zukünftige Entwicklungen mit einem Grundeinkommen abgestimmt werden.

[217] https://www.bundesgesundheitsministerium.de/themen/krankenversicherung/zahlen-und-fakten-zur-krankenversicherung/kennzahlen-daten-bekanntmachungen.html Daten des Gesundheitswesens 2020

[218] Ebenda 8.1

[219] Ebenda 8.14A

[220] Ebenda 8.14

[221] Ebenda 8.16

[222] Ebenda 8.1

[223] Ebenda 8.4

Vertikales Säulenmodell

Horizontales Schichtenmodell

9.8. Berufsunfähigkeit

Das Grundeinkommen ist ein Basisschutz bei Berufsunfähigkeit (BU) oder einer staatlich verordneten Berufseinschränkung, wie aufgrund der COVID-19-Pandemie. Das heutige System der Berufsunfähigkeitsversicherung krankt an der teilweise fehlenden Neutralität der Versicherungsgutachten. Die Liste von Rechtsanwalt Dr. Jörg Büchner[224] zeigt einige Problembeispiele auf. Die Beantragung, Begutachtung und ggf. das Gerichtsverfahren ziehen sich über Monate, nicht selten über Jahre. Darüber hinaus führen die Grenzen des medizinischen Wissens zu einem systemimmanenten Ausfall der Versicherungsleistung.

Das Grundeinkommen sorgt zumindest auf einem Mindestniveau für eine schnelle Hilfe. Eventuelle Einkünfte aus einer BU-Versicherung werden wie alle anderen Einkünfte behandelt und mit dem Grundeinkommen verrechnet.

9.9. Private Verpflichtungen

Ein Grundeinkommen bietet eine Absicherung des Existenzminimums, vielleicht auch etwas darüber hinaus. Aber es kann beispielsweise keine Immobilienkredite oder andere Verpflichtungen absichern. Allerdings ist ein Grundeinkommen, wie jedes andere Einkommen, nicht pfändbar, sofern es unterhalb der Freigrenzen bleibt.

Ein hilfreiches Ziel über das Grundeinkommen hinaus wäre es, Verträge mit finanziellen Verpflichtungen flexibel zu halten, sie atmen zu lassen. Wer in eine private Altersvorsorge investiert, muss im Fall der Fälle die Einzahlungen reduzieren oder aussetzen können. Ausfallversicherungen können Kredite absichern. Je übersichtlicher das Gesamtsystem ist, desto leichter können entsprechende Kriterien für den Versicherungsfall bestimmt werden. Die COVID-19-Pandemie hat im besonderen Maße gezeigt, wie wichtig flexible Verträge sind. Das gilt entsprechend für andere Krisenlagen.

[224] https://www.ra-buechner.de/fachbereiche/gutachter.html

9.10. Selbständigkeit

Selbständige haben deutlich höhere Ausgaben als Angestellte. Diese entstehen schon allein dadurch, dass sie ihre soziale Absicherung vollständig allein finanzieren und diese Verträge im Gegensatz zu Angestellten vom Einkommen entkoppelt sind.

Weiterhin müssen Betriebsausgaben finanziert werden, deren Höhe je nach Tätigkeit sehr unterschiedlich ausfallen. Es macht eben einen Unterschied, ob ich als Sänger tätig bin oder als Schausteller mit einem Riesenrad, ob ich mich als Friseur auf Hausbesuche spezialisiere oder in einem Friseursalon die Angestellten bezahlen muss, ob ich als freiberuflicher Unternehmensberater tätig bin oder selbst ein Unternehmen mit Angestellten und Produkten aufbaue.

Die eigene Arbeitsleistung eines Selbständigen in seinem Unternehmen wird betriebswirtschaftlich mit einem **Unternehmerlohn** kalkuliert. Dies ist nicht mit dem Gewinn bzw. Verlust zu verwechseln, also der Differenz zwischen Einnahmen und Ausgaben eines Unternehmens.

In der COVID-19-Pandemie mussten auf staatliche Anordnung viele Selbständige ihre unternehmerische Tätigkeit einstellen. Dies hat der Idee eines fiktiven Unternehmerlohns Auftrieb gegeben. Damit sollen Lebenshaltungskosten, Krankenversicherung und Wohnungsmiete finanziert werden. Im Konzept für ein Grundeinkommen wäre dies ein Grundeinkommen für Selbständige. Neben dem allgemeinen Grundeinkommen könnte eine pauschalierte Zulage für Selbständige Zusatzaufwendungen für die soziale Absicherung abdecken.

Da Selbständige variierende Einnahmen haben und nicht wie bei der Lohnsteuer an der Quelle besteuert werden, ist das Einkommensteuerrelevante Ergebnis erst nach dem Jahresabschluss bekannt. Solange kann aber in einer Krise kaum jemand auf ein Grundeinkommen warten.

Mit dem **Prinzip der Vorauszahlung** und dessen Anpassungsmöglichkeit auf Antrag steht jedoch ein funktionierender und flexibler Mechanismus bereits zur Verfügung. Damit können sowohl Steuervorauszahlungen (positive Einkommensteuer) als auch Vorauszahlungen des Grundeinkommens (negative Einkommensteuer) gesteuert werden.

Darüber hinaus sind Vermögen und Altersvorsorge bei Selbständigen anders zu berücksichtigen, als bei Beamten oder Angestellten, wie bereits ausgeführt.

Was ein Grundeinkommen nicht abdecken kann, sind die **Betriebskosten**. Wird von staatlicher Seite ein Tätigkeitsverbot aufgrund einer Pandemie oder ähnlicher Lage ausgesprochen, dann muss neben dem Grundeinkommen ein betriebsbezogener Ausgleich geschaffen werden.

Alternativ kann der Staat auch mit einer Pflichtversicherung für Selbständige für diesen Fall Vorsorge treffen. Der Staat würde den Rahmen für die Märkte entsprechend setzen (Marktdesign). Neben einer Versicherung sind flexible Verträge eine Möglichkeit, Krisenlagen vorzubereiten.

Die vielfältigen Veränderungen und volatilen Märkte erfordern einen Neuausrichtung zum **atmenden Betrieb**.

9.11. Berufsstand

Die Ständeordnung des Mittelalters mit Geistlichkeit, Adel und Bauern ist seit langem Geschichte. Doch in den Berufsständen lebt ein Teil dieser Ordnung weiter. Neben Angestellten, Arbeitern, Beamten, Freiberuflern und Gewerbetreibenden, haben auch Künstlern, Studierende und Soldaten ihre eigenen Strukturen. Auch Arbeitslosigkeit und Hausmann/Hausfrau stellen in diesem Sinne besondere Berufsstände dar.

Die sozialen Sicherungssystem unterscheiden sich für jede dieser Berufsstände erheblich. Auch später als Rentner oder Pensionisten lebt man in unterschiedlichen Systemen, erst recht, wenn man selbständig war. Nur sehr langsam werden die Differenzierungen aufgehoben, etwa zwischen Angestellten und Arbeitern sowie Angestellten und Beamten.

Der Wechsel von einem Berufsstand in einen anderen ist mit erheblichen Mühen und Kosten verbunden. Wer beispielsweise als Selbständiger seine Altersvorsorge über eine Kapitallebensversicherung aufbaut, müsste diese auch bei einem Wechsel in das Angestelltendasein weiter finanzieren und zugleich das System einer sozialversicherungspflichtigen Tätigkeit bedienen. Das übersteigt üblicherweise die Höhe tariflicher Gehälter.

Ein Grundeinkommen kann mit diesen verschiedenen Berufsständen umgehen, allerdings um den Preis zusätzlicher Komplexität. Es wäre durchaus eine lohnenswerte Aufgabe bei der Entwicklung eines integrierten Grundeinkommens die berufsständischen Strukturen anzupassen. Es geht nicht darum die Berufsstände zu vereinheitlichen, sondern sie kompatibel zu machen.

9.12. Globalisierung

Insgesamt muss es ein Ziel sein, dass auch starke Einflüsse und hohe Schwankungen nicht zu einer Destabilisierung führen. Die Globalisierung und die Vernetzung der Menschheit entwickeln sich exponentiell. Seit etwa 30.000 Jahren ist die Menschheit auf der ganzen Erde präsent und seit 3.000 Jahren durchdringen organisierte Strukturen wie Staaten und Unternehmen die Gesellschaften.

Seit rund 300 Jahren führt die technologisch-industrielle Revolution zu tief greifenden Veränderungen der Lebensbedingungen und sozialen Grundlagen. In den letzten 30 Jahren schiebt die Digitalisierung und das Internet das Zusammenwachsen intensiv an und wandelt permanent die Arbeits- und Lebensweisen. Klimawandel und Migrationsbewegungen lösen weitere starke Umgestaltungen aus.

All diese Entwicklungen erschüttern unentwegt bestehende Strukturen. Sie machen es erforderlich, dass Gesellschaften auf permanenten Wandel ausgerichtet sind. Jeder Einzelne wie auch die ganze Gesellschaft und ihre Organisationen müssen auf Veränderungen und Disruptionen vorbereitet sein. Atmende Strukturen machen Wandel aktiv beherrschbar.

Zusammenfassung

- Das Sozialbudget umfasst mit rund 1 Billion Euro auch Renten- und Krankenversicherung.
- Die Förderinstrumente für Kinder beinhalten bereits heute die Elemente eines Grundeinkommens.
- Alleinstehende sind eine zentrale aber auch vielfältige Gruppe für ein Grundeinkommen.
- Der Zugriff auf das Vermögen ist besonders für Selbständige problematisch.
- Wohnen gehört zu den zentralen Bedürfnissen und wäre durch Wohneigentum am besten gesichert.
- Für die Altersvorsorge muss bereits in der Erwerbsphase ein Leben ohne Grundsicherung im Alter realisiert werden.
- Das Grundeinkommen sichert auch im Falle der Berufsunfähigkeit als Basisschutz die Existenz.
- Private Verpflichtungen und Betriebskosten kann ein Grundeinkommen nicht absichern.
- Atmende Strukturen machen Wandel aktiv beherrschbar.

10 Digitalisierung

Als sich die Idee des Bürgergelds in den 1980er und 1990er Jahren entwickelt, war das Internet erst im Entstehen und die Digitalisierung noch bei Weitem nicht so fortgeschritten wie heute. Die Ausbreitung der Smartphones begann erst Jahre später. Das Verwaltungsdenken ist stark davon geprägt, dass Aufgaben eines Amtes auch direkt an das Amt gekoppelt sind. Doch selbst wenn wir Ämter real nicht zusammenführen, so lassen sie sich virtuell zu einem einheitlichen System für die Bürger digital integrieren. **One face to the citizen.**

Bei den Hartz-Reformen wurden Arbeitslosenhilfe und Sozialhilfe zum ALG II zusammengeführt. Es war eine zentrale Erkenntnis Anfang der 2000er Jahre, Zuständigkeiten zusammenzuführen. Wenn die finanziellen Leistungen beim Finanzamt zentralisiert werden, hat man ohne Digitalisierung zwei Möglichkeiten: Entweder man führt auch die Beratungs- und Dienstleistungsfunktionen beim Finanzamt zu einer Super-Behörde zusammen. Oder man organisiert die Durchführung, ggf. auch Zuständigkeiten, virtuell neu. Die Digitalisierung ermöglicht eine Zusammenführung der Aufgaben auch ohne strukturellen Umbau.

10.1. Kognitive Entlastung

Mittels Digitalisierung wird die Aufteilung eine andere, die zwischen **Frontoffice und Backoffice**. Das Frontoffice ist das zentrale Managementwerkzeug zur Antrags- und Fallbearbeitung, sowohl auf Seiten des Leistungsempfängers wie auch der Sachbearbeitung. Das Backoffice verwaltet die Daten und steuert das Verfahren. Das Finanzamt übernimmt den Kern des Backoffice. Weitere ergänzende Funktionen werden von den jeweiligen Fachämtern zugeliefert. Die Digitalisierung virtualisiert das Verfahren und strukturiert es neu. Das Verfahren wird vom einzelnen Amt gelöst. Die Daten sind dort, wo sie gebraucht werden. **Die Daten laufen, nicht die Bürger.**

Einen zaghaften ersten Schritt hat der Bundestag 2020 für Familienleistungen beschlossen[225], der aber in der Art und Weise der Umsetzung nicht unumstritten ist.[226]

Der **kognitive Overkill** belastet jeden und kostet die Gesellschaft enorme Kapazitäten. Ob der Tarifdschungel beim Mobiltelefonieren, die Undurchschaubarkeit von Versicherungsverträgen, die Überschwemmung mit AGBs, Cookies, Widerrufs- und Datenschutzbelehrung bei einem simplen Internet-Einkauf oder eben die Vielzahl an Vorschriften und Formularen staatlicher Behörden – sie alle überfordern Menschen jeden Tag. Wer sich Rechtsberater, Steuerberater, Vermögensberater etc. leisten kann, der kann sich davon freikaufen. Wer sich aber in einer Notlage befindet und schon an der Grenze seiner Belastbarkeit angelangt ist, für den entsteht eine undurchdringbare Wand.

Don't make me think[227]

Der Berater Steve Krug schrieb im Jahr 2000 ein brillantes Buch. Genau genommen ist der Titel des Buches unglaublich genial. Es heißt „Don't make me think". Dies fasst nicht nur den Buchinhalt perfekt zusammen – ganz im Sinne des Buches versteht man auch sofort, was gemeint ist. Wer den Buchtitel verstanden hat, braucht den Rest des Buches fast nicht mehr zu lesen.

Ein perfektes Beispiel für radikale Einfachheit ist die Eingabemaske von Google. Ein simples Feld, und es erschließt sich die gewaltige Vielfalt des Internets. Einfacher kann man ein Formular nicht gestalten. Im Hintergrund arbeitet eine gigantische IT-Maschinerie mit den größten Rechenzentren und umfangreicher Spezial-Software. Make it simple – perfekt umgesetzt.

[225] http://dipbt.bundestag.de/extrakt/ba/WP19/2656/265662.html

[226] https://www.bundestag.de/dokumente/textarchiv/2020/kw44-pa-inneres-familienleistungen-800334

[227] Ulrich Bode, The Making of Digital, 2018, Seite 127, https://themakingof.digital

Es wäre daher zu kurz gesprungen, wenn der Papierantrag auf Grundsicherung (bzw. Grundeinkommen) nur 1:1 in ein Web-Formular übertragen wird. Es ist nicht viel gewonnen, wenn die Antragsteller wie bisher alle Daten erfassen müssen.

Die beim Staat bereits vorhandenen Daten müssen bereits vorab in das Formular automatisch eingetragen werden. Der Antragsteller prüft die Daten, bestätigt oder korrigiert sie, und ergänzt ggf. noch fehlende Informationen. Auf der Seite der Verwaltung entfällt die Prüfung dieser Daten, sofern sie nicht geändert bzw. ergänzt wurden. Das Ziel ist der voll automatisierte Antrag, langfristig sogar ohne explizite Beantragung – **das Grundeinkommen in nur einer Minute**.

10.2. Virtualisierter Staat

Durch die Digitalisierung und Virtualisierung entfaltet sich eine gewisse Zentralisierung, die die vielfache **Gewaltenteilung** in Deutschland aufhebt. So sind nicht nur Legislative, Judikative und Exekutive im Grundsatz getrennt, sondern durch das föderale System auch Kommunen, Länder und Bund.

Ebenfalls sind die Ressorts einer Regierung unterschiedlich aufgeteilt und unterschiedlich für Transferleistungen zuständig. Zudem gibt es über die verschiedenen Verwaltungen und Ämter eine Art Gewaltentrennung des Dienstwegs. Letztere ist allerdings historisch gewachsen und selbst einem Zentralamt steht grundsätzlich nichts im Weg.

Schwerer wiegt die Überbauung der föderalen Struktur, auch wenn diese schon heute vielfach durchbrochen und verflochten ist. Grundsätzlich haben die **Länder die Gesetzgebungskompetenz für ein Grundeinkommen** und nicht der Bund, was je nach Ausbaugrad eine Änderung des Grundgesetzes erforderlich machen würde.[228]

[228] https://www.bundestag.de/resource/blob/485786/617093ae998b8ff2868436ce1929cf81/WD-3-262-16-pdf-data.pdf

Eine **Konzentration der kommunalen IT** ist unabhängig vom Grundeinkommen erforderlich. Kommunen sind in der Regel mit der immer komplexeren und vielfältigeren Digitalisierung überfordert. Eine wirtschaftliche IT ist nur bei Nutzung von Skaleneffekten betreibbar. Deshalb haben sich in der Wirtschaft nicht nur Cloud-Strukturen als technische Basis etabliert, sondern sich auch auf fachlicher Ebene Unternehmen wie SAP und Institutionen wie die DATEV entwickelt. Der Weg der DATEV ist die Blaupause für die IT der Kommunen.

Zudem kommt der föderalen Struktur eine moderne Entwicklung in der IT zugute: Einerseits sind auf technischer Ebene zentrale Lösungen auf dem Vormarsch. Andererseits ist die moderne Infrastruktur für die fachlichen Lösungen, also die Anwendungssoftware, dezentral, eben föderal.

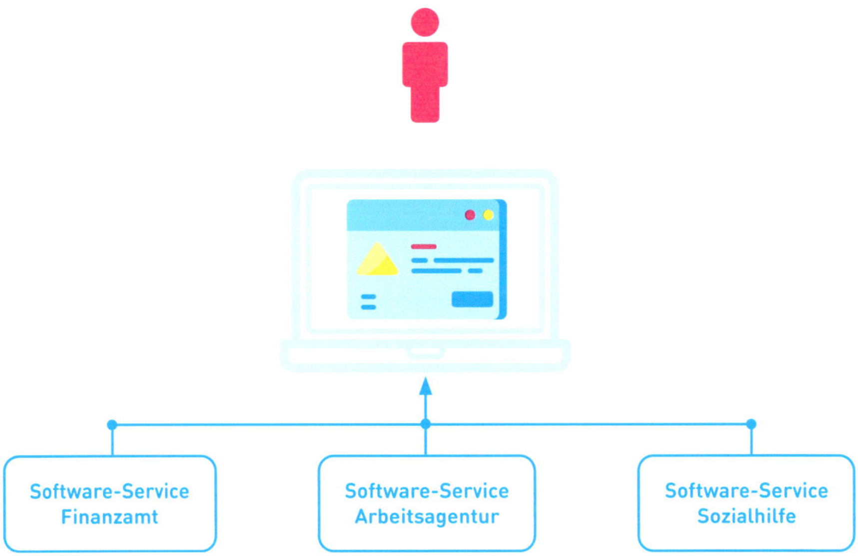

Die IT wandelt sich von einer monolithischen Struktur in eine virtuelle Struktur. Dazu wird ein Gesamtsystem mittels fachlich orientierter Software-Services[229] in seine Einzelteile gegliedert. Diese **serviceorientierte**

[229] Technisch handelt es sich um sogenannte Microservices.

Architektur bündelt bestimmte Aufgaben (Domänen) in einem Software-Service und meist auch einem damit verbundenen IT-Team. Typische Domänen im öffentlichen Bereich sind Bürger, Antrag, Bescheid oder Zahlung. Die EU treibt mit „once-only"[230] das Prinzip voran, dass Daten in der EU nur einmal erfasst werden und anschließend vernetzt und grenzüberschreitend genutzt werden können.

So aufgeteilt auf verschiedene Software-Services können sich diese gegenseitig nutzen und virtuell eine integrierte Gesamtanwendung darstellen. Es ist naheliegend, die fachlichen Aufgaben eines Amtes in Software-Services zu organisieren und miteinander zu vernetzen. Dies würde die Arbeits- und Kommunikationsweise der Ämter auf der digitalen Ebene spiegeln und somit dem Gesetz von Conway entsprechen.

Ein Produkt ist das Produkt seiner Organisation[231]

Der US-amerikanische Informatiker Melvin Edward Conway formulierte 1968 eine als „Gesetz von Conway" bekannte Erkenntnis, dass die Entwicklung von (Software-) Systemen die Kommunikationsstrukturen einer Organisation widerspiegeln würden:

„Jede Organisation, die im weitesten Sinne ein System entwirft, erzeugt ein Design, dessen Struktur eine Kopie der Kommunikationsstruktur des Unternehmens ist."

Natürlich wäre es besser, einen komplexen und komplizierten Prozess zuerst zu vereinfachen und dann zu digitalisieren. Es kann politisch aber umgekehrt leichter gelingen, also zuerst zu digitalisieren. In der Realität wird man vermutlich auf beiden Wegen nebeneinander und miteinander marschieren. Zu lange dauert jeder Weg für sich, so dass es nicht Sinn macht, aufeinander zu warten.

[230] https://www.europarl.europa.eu/doceo/document/A-8-2017-0178_DE.html

[231] Ulrich Bode, The Making of Digital, 2018, Seite 211, https://themakingof.digital

Die Digitalisierung ermöglicht uns, Staat neu zu denken. Heute nutzen wir IT-Systeme der öffentlichen Hand vor allem, um den immer höheren Detaillierungsgrad der Bürokratie für die Behörden noch einigermaßen bewältigbar zu halten. Es ist an der Zeit, dass wir auch die Bürger von Bürokratie entlasten. Die Digitalisierung ermöglicht die massive Integration und Vereinfachung des Staatswesens.

Zudem kann mit flexiblen Strukturen das Gesamtsystem besser auf starke Anpassungserfordernisse reagieren. Die heutigen öffentlichen Behörden sind auf konstante Rahmenbedingungen ausgelegt. Wie die COVID-19-Pandemie zeigt, können Behörden drastische Veränderungen kaum adaptieren. Die Fähigkeit zur atmenden und transformativen Organisation fehlt.

10.3. Informationelle Selbstbestimmung

Das Bundesverfassungsgericht hat im Volkszählungsurteil von 1983 das Recht auf „informationelle Selbstbestimmung"[232] postuliert.

Notwendig ist es, auf den Zweck abzustellen und zugleich die technischen Verwendungsmöglichkeiten zu beachten.[233] Nicht statthaft wäre es, umfangreiche Daten zusammenzuführen, so dass ein Persönlichkeitsprofil einer Person entsteht. Insbesondere sei ein einheitliches Personenkennzeichen für die verschiedenen Datenbestände unzulässig.[234]

Eine Steuererklärung wie auch ein Antrag auf Grundsicherung sind allerdings so umfangreich und umfassen mindestens alle ökonomisch relevanten Lebensbereiche, so dass allein daraus bereits das Profil einer Person sichtbar wird. Das gilt erst recht, wenn wir für die negative Einkommensteuer das Finanzamt als zentrale Behörde einsetzen und die Daten in großer Breite aus den unterschiedlichsten Bereichen und Dienststellen zusammenführen.

[232] http://www.bverfg.de/e/rs19831215_1bvr020983.html

[233] http://www.bverfg.de/e/rs19831215_1bvr020983.html Rn. 150

[234] http://www.bverfg.de/e/rs19831215_1bvr020983.html Rn. 169

Beim Volkszählungsurteil ging es um den Beitrag des Einzelnen für die Allgemeinheit, gewissermaßen um eine Datenspende. Bei einem Antrag auf Grundeinkommen verhält es sich umgekehrt. Man könnte daher argumentieren, dass eine solche Datensammlung genau ihren Zweck erfüllt, die Einkommensteuer im positiven wie negativen Fall zu ermöglichen. Es bleibt allerdings die Sorge, dass eine solche Datenballung zu missbräuchlicher Nutzung einlädt.

Die Argumentation, ein Antragsteller hätte ja entsprechend der Forderung des Gerichts die Entscheidungsmöglichkeit auf einen Antrag zu verzichten, ist nicht tragfähig. Abgesehen davon, dass dies für einen Rechtsanspruch wie auch eine Rechtspflicht kein Argument ist, besteht im Fall der **Existenzsicherung keine Wahlfreiheit**.

Mit dem Anfang 2021 beschlossenen **Registermodernisierungsgesetz**[235] [236] sollen die Daten über die Steuer-ID zusammengeführt werden können. D.h. dies von der Bundesregierung vorangetrieben Projekt schafft die entsprechenden Rahmenbedingungen, die auch für ein Grundeinkommen erforderlich wären.

Das Registermodernisierungsgesetz gilt als stark umstritten[237]. Insbesondere strittig ist der Plan, die **Steuer-ID als zentrale Bürger-ID** für alle personenbezogenen Daten auszuweiten. Eine solches Personenkennzeichen hatte das Bundesverfassungsgericht schließlich explizit für unzulässig erklärt.

Allerdings genügen schon Geburtsdatum und Postleitzahl, um eine Person nahezu eindeutig zu identifizieren. 1983 waren solche Identifikationsnummern für die Automatisierung von größerer Bedeutung, als sie es heute und in Zukunft sind. Deshalb sollte sich die Diskussion stärker mit den Profilen beschäftigen.

[235] http://dipbt.bundestag.de/extrakt/ba/WP19/2678/267861.html

[236] https://www.bmi.bund.de/SharedDocs/gesetzgebungsverfahren/DE/registermodernisierungsgesetz.html

[237] https://www.bundestag.de/dokumente/textarchiv/2020/kw51-pa-innen-registermodernisierungsgesetz-809426

Ein Antrag auf Grundsicherung stellt schon heute die Übergabe eines Persönlichkeitsprofils durch den Antragsteller an eine staatliche Institution dar. Eine automatisierte Zusammenführung durch den Staat anstelle des Antragssteller mag eine Verschärfung sein, ändert aber am Grundproblem nichts: **Der Staat speichert ein Persönlichkeitsprofil.**

Verursacht wird dies durch die immer stärkere Detaillierung der Prüfungen, der Wunsch von Politik und Behörden, auch die letzte Ecke eines Lebenssachverhalts herauszukehren und unter die Lupe zu nehmen. Nichts soll unentdeckt bleiben. Weil Deutschland im **Drang zum Detail** Weltspitze ist und schon der Gesetzgeber das Gebot der Datensparsamkeit nicht beachtet, können diese staatlich gespeicherten Datenmassen überhaupt entstehen.

Die Diskussion, Persönlichkeitsprofile zu verhindern, muss um die Diskussion erweitert werden, wie mit vorhanden Profilen umzugehen ist. Diese Profile werden in Zukunft automatisiert zusammengeführt, anstelle manuell durch den Antragsteller. Im Gegenzug werden Daten-Domänen nur an einer Stelle erfasst und gespeichert. Nicht immer ist es dabei erforderlich, alle Daten zu übertragen. Ggf. genügt eine Bestätigung oder eine Summe.

Vor allem muss die Politik lernen, sich auf den **Kern einer Aufgabe** zu besinnen, stärker mit Pauschalen zu arbeiten und mit weniger Daten auszukommen.

Unter dem Gesichtspunkt der Datensparsamkeit wäre das Modell von Götz W. Werner mit einer anonymen Konsumsteuer als einzige Steuerquelle und einem pauschalierten Grundeinkommen die bestmögliche Lösung.

10.4. Ziele kalkulieren

Bestehende gesetzliche Regeln und ihre Umsetzung orientieren sich in der Steuerpolitik an **Tarifen**. Entsprechend ist die Grundidee der negativen Einkommensteuer tariflich orientiert. Die Folge sind schwankende Grenzbelastungen.

Es ist aber genauso möglich, mit Zielvorgaben wie eben einer definierten **Grenzbelastung** zu kalkulieren. Wir betrachten dann nicht mehr den Eingang, sondern das Ergebnis. In der Kombination sieht das wie folgt aus: Zunächst wird der Steuersatz angewendet und anschließend geprüft, ob dieser die Grenzbelastung überschreitet. Falls notwendig, erfolgt eine Kappung oder Glättung.

Die Politik muss nur noch ihre Ziele gewichten, etwa eine Höchstgrenze für das Finanzbudget oder eine Priorisierung der Beschäftigungswirkung. Den Rest erledigt die Software.

10.5. Digitale Politik

Wenn die Verwaltungsvorgänge und die Daten digital verfügbar sind, dann führt die Digitalisierung zu einer Revolution in der Art und Weise der politischen Willensbildung. Bis heute werden grundsätzliche politische Überzeugungen direkt in Verwaltungshandeln umgesetzt. Der Gesetzgeber stellt Vermutungen an, durch welche Maßnahmen die Ziele erreicht werden können. **Aber gut gemeint ist noch lange nicht gut gemacht.**

Die Digitalisierung ermöglicht es, sehr viel einfacher die Auswirkungen sowohl vorab zu simulieren als auch nach einer Umsetzung zu beobachten und auszuwerten. Im sogenannten sozio-ökonomischen Panel (SOEP) werden rund 15.000 repräsentative Privathaushalte mit 30.000 Personen seit 1984 regelmäßig detailliert befragt.[238] Auf diesen Daten aufbauend hat beispielsweise das ifo-Institut ein **ökonomisches Verhaltensmodell** entwickelt und kann Verhaltenseffekte für diese Haushalte simulieren. Dies ermöglicht die Vorhersage der Auswirkungen politischer Entscheidungen. Selbst Randeffekte können erkannt werden.

Wir können mit großer Rechenkraft wie bei einem Schachprogramm Millionen verschiedenster Konstellationen durchrechnen und die beste Konstel-

[238] https://www.diw.de/de/diw_01.c.615551.de/forschungsbasierte_infrastruktureinrichtung__sozio-oekonomisches_panel__soep.html

lation auswählen. **Die empirische Steuerung politischer Ziele ist in greifbarer Nähe.** Simulation und Monitoring sind die zukünftigen Instrumente der Umsetzung von Politik. Die Mutmaßungen über die richtige Ausgestaltung der Details weicht der methodischen und systematischen Simulation.

Im Jahre 2016 programmierte die Google-Tochter DeepMind der Software „AlphaGo" die Regeln des asiatischen Strategiespiels „Go" ein und ließ das System Millionen Mal gegen die eigene Kopie spielen. Das System entwickelte sich ohne Expertenwissen und ohne die Eingabe von Beispielen aus eigener Kraft von Anfängerniveau auf unschlagbar.

Wir werden in Zukunft auf diese Weise nicht nur die perfekten Parameter eines Konzepts schlicht ausrechnen können, sondern auch verschiedene Konzepte digital gegeneinander antreten lassen.

Die Digitalisierung liefert den Rahmen und wird die Qualität politischer Entscheidungen erhöhen. Die fachlich-politischen Zielvorgaben bleiben Aufgabe der politischen Willensbildung.

Zusammenfassung

- „One face to the citizen" reduziert den kognitiven Overkill.
- Der virtualisierte Staat überbaut die vielfache Gewaltenteilung.
- Der Antrag auf Arbeitslosengeld II enthält ein Persönlichkeitsprofil.
- Das Recht auf informationelle Selbstbestimmung muss weiterentwickelt werden.
- Politik der Zukunft simuliert und optimiert Maßnahmen zielorientiert.

11 Konzept Grundeinkommen

Politische Wahlkämpfe sind in einer wettbewerbsorientierten Demokratie gekennzeichnet durch eine Vielzahl von Vorschlägen, die die Lage der Menschen verbessern sollen. Dies auch als Wahlgeschenke bezeichneten Wohltaten müssen in den bestehenden Verwaltungen umgesetzt werden, sofern man nicht gleich neue Ämter schafft.

Die Vorgehensweise erinnert an das Mikado-Prinzip, nur in umgekehrter Reihenfolge. Es wird immer noch ein Stäbchen draufgelegt und dazwischengeschoben. Das Ergebnis ist eine juristische und organisatorische Komplexität und Kompliziertheit, die nur noch historisch erklärbar ist.

Genau das macht eine Neustrukturierung allerdings auch mehr als schwierig. Aber müssen wir davor kapitulieren? Nein. Schauen wir uns deshalb an, wie ein Konzept für ein Grundeinkommen aussehen sollte. Es geht dabei **nicht** um ein ganz bestimmtes Grundeinkommen, sondern um **Aufbau und Leitplanken**, innerhalb derer sich ein konkretes Grundeinkommen ausbilden kann.

11.1. Ziele

Die Kernziele für ein Grundeinkommen bestehen aus dem Dreiklang:

Sichere die Existenz!

Stärke die Eigenkräfte!

Ermögliche Chancen!

Neben diesen personenbezogenen Kernzielen umfassen die Ziele auch solche für die Gesellschaft, die Politik sowie auch die technisch-organisatorischen Rahmenbedingungen:

Existenzminimum absichern: Zunächst muss ein Grundeinkommen seiner ureigensten Aufgabe nachkommen und das Existenzminimum absichern. Es muss verlässlich sein und für eine möglichst frühe Stabilisierung von Notlagen sorgen.

Barrierefreier Zugang: Das Grundeinkommen soll die Absicherung unkompliziert, leicht verständlich und schnell realisieren.

Eigenkräfte nachhaltig stärken: Darüber hinaus eröffnet das Grundeinkommen Chancen und ermöglicht Selbsthilfe. Es fördert eine Struktur der Motivation statt Bestrafung mit fließenden Übergängen zwischen Unterstützungsbedarf und Eigenständigkeit.

Resilienz steigern: Die Widerstandskraft wird erhöht und das Prinzip einer flexiblen Atmung in die Lebensverhältnisse, wie etwa Verträge, eingebaut.

Gesellschaft und Wirtschaft unterstützen: Das Grundeinkommen trägt zur Stabilisierung der Gesellschaft und der wirtschaftlichen Entwicklung bei.

Leistungsstarke Administration: Die Verwaltung soll ihre Aufgaben effizient und effektiv erfüllen können. Es ist zu beachten, dass im heutigen System neben dem Finanztransfer auch Beratungsleistungen sowie weitere Sach- und Dienstleistungen erfolgen.

Smarte Politik: Politische Wahlversprechen sollen sich unkompliziert umsetzen lassen, ohne das Gesamtsystem zu deformieren.

Finanzierbarkeit: Das System muss finanzierbar sein. Im Idealfall ist es so erfolgreich, dass die erforderliche öffentliche Finanzierung sinkt.

Integration: Über diese, das Grundeinkommen direkt betreffenden Zielsetzungen, hinaus, ist es notwendig, das Grundeinkommen in das gesamte

Sozial- und Gesellschaftssystem zu integrieren und abzustimmen.

In der Gesamtschau gilt es nicht, ein bestimmtes Verfahren anzustreben, sondern ein System zu schaffen, das einen breiten Gestaltungsspielraum ermöglicht. Die Gestaltungsmöglichkeiten dürften nicht dazu führen, dass das System nach und nach deformiert wird. **Vielmehr muss es stabil und einfach bleiben, selbst wenn verschiedene Regierungen das System sehr unterschiedlich verwenden.**

11.2. Begrifflichkeit

Die Diskussion um das Grundeinkommen wird mit unterschiedlichen Begriffen geführt.

Der Fachbegriff ist die **negative Einkommensteuer**, sofern eine Anrechnung von Markteinkommen erfolgt. Extremfälle der negativen Einkommensteuer sind ein Verzicht auf die Anrechnung (bedingungslose Kopfpauschale als Sockelbetrag) sowie der Verzicht auf eine Einkommenssteuer (Götz W. Werner).

Die FDP spricht vom **Bürgergeld**, im Kern eine negative Einkommensteuer. Die SPD hat jüngst den Begriff Bürgergeld adaptiert, versteht darunter aber ein verbessertes Hartz IV. Die Grünen sprechen von einer sanktionsfreien **Garantiesicherung**, die dem von der Verfassung geforderten menschenwürdigen Existenzminimum entspricht. CDU/CSU lassen die Diskussion um das Grundeinkommen links liegen.

Wie häufig werden die verschiedenen Begriffe in Google gefunden und wie häufig werden sie gesucht? Die Summe der **Fundstellen** zeigt „Grundeinkommen" bzw. international „basic income" als klaren Favoriten gegenüber Bürgergeld oder Garantiesicherung.

Eine deutliche Wahrnehmung haben natürlich Wörter wie „Grundsicherung" und „Arbeitslosengeld", da sie in den Gesetzen zur Anwendung kommen.

Begriff	Suchergebnisse
basic income	760.000.000
universal basic income	150.000.000
negative income tax	139.000.000
Citizen´s dividend	27.500.000
Grundsicherung	2.280.000
Arbeitslosengeld	2.220.000
Grundeinkommen	1.490.000
Bedingungsloses Grundeinkommen	583.000
Negative Einkommensteuer	479.000
Bürgergeld	92.500
Garantiesicherung	5.350

Stand der Suchergebnisse in Google Januar 2021[239]

Google Trends[240] stellt Informationen bereit, wie häufig ein **Suchbegriff** von Nutzern eingegeben wurde. Hier liegt seit 2004 das Grundeinkommen mit 94 % klar vor dem Bürgergeld mit 6 %.[241] Im Laufe der Zeit verlor der Begriff „Bürgergeld" sogar immer mehr an Boden. Im Jahr 2020 betrug das Verhältnis nur noch 99 % zu 1 %.[242] Die Wahrnehmung des Begriffs „Garantiesicherung" liegt nahe Null. International sieht es für basic income im Vergleich zu citizen's dividend ähnlich aus.[243]

239 www.google.de

240 https://trends.google.de

241 https://trends.google.de/trends/explore?date=all&q= Grundeinkommen,Bürgergeld

242 https://trends.google.de/trends/explore?date=2020-01-01%202020-12-31&q=Grundeinkommen,Bürgergeld

243 https://trends.google.de/trends/explore?date=2020-01-01%202020-12-31&q=basic%20income,Citizen´s%20dividend

In der öffentlichen Diskussion haben sich Grundeinkommen bzw. basic income als Begriffe durchgesetzt. Grundeinkommen ist aber noch aus einem anderen Grund sinnvoll. Das Grundeinkommen muss in die Einkommensteuer integriert werden und nicht etwa in eine Bürgersteuer. Der Begriff „Bürgergeld" ist im Einkommensteuerrecht, aber auch darüber hinaus, fremd. „Grundeinkommen" hat auch den wichtigen Vorteil, dass es **selbsterklärend** ist. „Bürgergeld" ist dagegen sogar missverständlich.

11.3. Existenzminimum

Wie ausgeführt, muss das Grundeinkommen mindestens das Existenzminimum betragen. Das Existenzminimum wird seit 1995 alle zwei Jahre durch die Bundesregierung in einem Bericht festgelegt. So wurde im Oktober 2020 in einem Bericht[244] das Existenzminimum bis 2022 bestimmt.

Das Existenzminimum wird auch in der Berechnung der Einkommensteuer verwendet, also der Betrag, der einem Steuerpflichtigen zur Bestreitung seines notwendigen Lebensunterhalts vom eigenen Einkommen verbleiben muss. Zugleich gilt dieser Betrag als Minimum in der Sozialhilfe. Hat dort der Gesetzgeber einen höheren Betrag festgelegt, so gilt dieser auch im Steuerrecht. Für Kinder erfolgt eine eigene Berechnung und mindert zusätzlich die Steuerpflicht der Eltern.

Die Berechnung des Existenzminimums erfolgt auf der Grundlage dieser Bedarfe:

- Regelbedarfe, insbesondere
    - Ernährung, Kleidung, Körperpflege
    - Hausrat, Haushaltsenergie ohne Heizung
    - Persönliche Bedürfnisse des täglichen Lebens

- Für Kinder zusätzlich Bildungs- und Teilhabebedarfe

[244] https://dip21.bundestag.de/dip21/btd/19/228/1922800.pdf

- Kosten der Unterkunft
  - Mieter: Bruttokaltmiete
  - Eigentümer: vergleichbare Aufwendungen

- Heizkosten für Raumheizung und Warmwasserbereitung

Die Regelbedarfe sind im Regelbedarfs-Ermittlungsgesetz (RBEG) [245] festgelegt. Ergänzend können Sonder- oder Mehrbedarfe hinzukommen.

	Alleinstehend	Ehepaare	Kinder
Regelsatz	5.400	9.720	3.816
Bildung und Teilhabe	–	–	324
Kosten der Unterkunft	3.684	5.520	1.104
Heizkosten	804	1.080	216
Summe Existenzminimum	**9.888**	**16.320**	**5.460**
Monatsbetrag	824	1.360	455

Jährliches Existenzminimum 2022 in Deutschland in Euro

Mit dem Existenzminimum ist die Unterschranke für das Grundeinkommen bestimmt. Für Erwachsenen und Kindern werden heute schon unterschiedliche Höhen definiert, für Kinder sogar differenziert nach Altersstufen. Dieses Prinzip kann auch für das Grundeinkommen beibehalten werden. Darüber hinaus kann mit Zulagen eine weitergehende Differenzierung erfolgen.

In der Diskussion steht immer wieder die Berechnung des Existenzminimums. Das aktuelle Gesetz[246] hält an dem bestehenden Prinzip des **Warenkorbs** fest. Das Bundesverfassungsgericht hat das statistische Verfahren

[245] https://www.gesetze-im-internet.de/rbeg_2021/

[246] http://dipbt.bundestag.de/extrakt/ba/WP19/2663/266352.html

2014 grundsätzlich für zulässig erklärt.[247] Der paritätische Gesamtverband kritisiert methodisch unzulässige Streichung und die Ausklammerung leistungsberechtigter Personen aus der Referenzgruppe, die ihre Ansprüche nicht geltend machen („verdeckte Armut").[248]

Eine weitere Forderung bezüglich der Berechnung ist, dass der Anspruch auf ein Grundeinkommen **individuell** sein soll. Heute werden bei Paaren und Familien (Bedarfsgemeinschaften) Skaleneffekte einkalkuliert, was die Ansprüche reduziert. Damit soll auch verhindert werden, dass es zu verdeckten Transfers kommt, etwa weil ein Haushaltsmitglied sich arm rechnet. Allerdings führt dies zu einer detaillierten Prüfung der Wohn- und Lebensverhältnisse. Gerade in kritischen Situationen verkomplizieren sich Lebensverhältnisse, etwa weil man wechselnd bei Freunden eine Bleibe findet. Es ist kaum möglich, alle Lebensverhältnisse in einem Regelwerk abzubilden.

U.a. die FDP fordert daher zur Reduzierung der Bürokratie die Einführung eines einheitlichen Regelsatzes für erwachsene Leistungsbezieher, unabhängig davon, ob sie mit Partner, Familie oder allein wohnen.[249]

Über die richtige Berechnung kann und soll diskutiert werden. Für die generelle Diskussion über ein Grundeinkommen spielt es keine Rolle. Am Ende ist es ein definierter Betrag, der als Eingangsgröße den Basisbetrag für das Grundeinkommen bestimmt. Dem Gesetzgeber bleibt es dann unbenommen, diesen Basisbetrag zu erhöhen, nur reduzieren darf er ihn nicht.

11.4. Anspruchsberechtigung

Konzepte für ein Grundeinkommen haben üblicherweise wenigstens eine Einschränkung und damit eine **Mindestbedingung**: Sie beschränken das

[247] http://www.bverfg.de/e/ls20140723_1bvl001012.html

[248] https://www.der-paritaetische.de/publikationen/regelbedarfe-2021-alternative-berechnungen-zur-ermittlung-der-regelbedarfe-in-der-grundsicherung/

[249] https://dip21.bundestag.de/dip21/btd/19/150/1915040.pdf

Grundeinkommen auf ein Land. Auch die europäische Initiative will die Höhe landesabhängig gestalten.

Für Deutschland könnte man wahlweise deutsche Staatsbürger oder Personen mit ihrem gewöhnlichen Aufenthalt in Deutschland als Zielgruppe definieren. Nach deutschem Steuerrecht sind Personen unbeschränkt steuerpflichtig, die im Inland ihren Wohnsitz oder ihren gewöhnlichen Aufenthalt haben. Ähnlich ist die Voraussetzung für den Antrag nach SGB II.

Um ein Grundeinkommen in das Einkommensteuerrecht zu integrieren, ist es sinnvoll, diese Regelung auch auf ein Grundeinkommen anzuwenden. In jedem Fall sind sie aufeinander abzustimmen. Ortsunabhängiges Arbeiten (Digital Nomads) wird in Zukunft zunehmen und müsste perspektivisch berücksichtigt werden.

Es gibt noch ein paar Voraussetzungen, die selbstverständlich erscheinen, aber zu bestimmen sind: So muss man eine natürliche Person sein.[250] Die Steuerpflicht beginnt mit der Geburt und endet mit dem Tod. Analog gilt dies für ein Grundeinkommen.

11.5. Bedürftigkeitsprüfung

Das menschenwürdige Existenzminimum muss als absolute Unterschranke grundsätzlich „bedingungslos“ sein. Alle Bedingungen darüber hinaus sind politisch zu entscheiden und konzeptionell flexibel abzubilden.

Die Prüfung der Bedürftigkeit wird oft nur negativ betrachtet. Manche Definitionen eines bedingungslosen Grundeinkommens fordern die Abschaffung der Prüfung, um zugleich im Widerspruch dazu bestimmte Bedingungen etwa für zusätzliche individuelle Bedarfe zu setzen. Tatsächlich hat die Prüfung für den Anspruchsberechtigten auch Vorteile. Es geht daher nicht darum, die Prüfung abzuschaffen, sondern die einzelnen Bestandteile politisch und vor dem Hintergrund des Grundgesetzes zu bewerten.

[250] https://www.gesetze-im-internet.de/estg/__1.html

Die Prüfung besteht heute aus folgenden Elementen:

- **Individuelle Situation**: Dazu gehören u.a. Familienstand, Bedarfsgemeinschaft und Behinderung. Diese bestimmen die Höhe des Existenzminimums bzw. werden als zusätzlicher Bedarf über Zulagen abgedeckt. Im Grundsatz ist eine Berücksichtigung individueller Bedürfnislagen sinnvoll und entspricht einem breiten Konsens. Diskussion gibt es bei einzelnen Kriterien, etwa ob Bedarfsgemeinschaften berücksichtigt werden. Die Kriterien sind idealerweise sehr einfach zu klären, wie etwa das Alter.
- **Vermögenslage**: Vorhandenes Vermögen hat Vorrang vor einem Grundeinkommen. Welches Vermögen in welcher Höhe geschont wird, ist eine sehr breite Diskussion.[251]
- **Arbeitsfähigkeit und Arbeitswillen**: Arbeitsleistung wird gewissermaßen als Eigenkapital gewertet. Allerdings hat das Bundesverfassungsgericht einer Anrechnung in Form von Sanktionen sehr enge Grenzen gesetzt. Wie ausgeführt, handelt es hier um einen problematischen und diskutierten Punkt.
- **Ansprüche gegen Dritte**: Dies sind beispielsweise unterhaltspflichtige Angehörige, Versorgungswerke und Versicherungen.
- **Eigene Einkünfte**: Hierzu zählen neben Erwerbseinkommen auch andere Einkünfte, etwa aus Kapitalvermögen.

All diese Punkte stehen in der Diskussion und müssen über entsprechende Parameter berücksichtigt werden. Ein wesentlicher Diskussionspunkt ist der letzte Punkt. Die Frage, ob eigene Einkünfte (Markteinkommen) mit dem Grundeinkommen verrechnet werden, und wenn ja, in welcher Höhe.

11.6. Anrechnung

Neben der Höhe eines Grundeinkommens ist die Anrechnung von eigenem Einkommen der entscheidende Schlüssel für das Konzept eines Grundeinkommens. Das Grundeinkommen wird mit dem Einkommen verrechnet.

[251] Ausführlicher dazu im Kapitel über Vermögen.

Ganz im Sinne „**Leistung soll sich lohnen**" werden aber nicht die ganzen Einnahmen mit dem Grundeinkommen verrechnet, sondern nur ein Teil.

Das Anrechnungsverfahren ist zentral für den Wechsel von einem sanktionierenden System zu einem motivierenden System. Die Bedürftigkeitsprüfung ist durch das Anrechnungsverfahren zu einem wesentlichen Teil systemimmanent integriert.

Die Anrechnung kennt zwei **Extremfälle**, die vollständige Anrechnung von eigenem Einkommen und der – heiß diskutierte – Verzicht auf jede Anrechnung. Wir betrachten zunächst die heutige Lage, die dem ersten Fall nahe ist:

Wer heute in Deutschland Arbeitslosengeld II bezieht und zugleich über eigenes Einkommen verfügt, der muss im Grundsatz die vollständigen eigenen Einnahmen auf das ALG II anrechnen lassen (SGB II §11)[252].

Das Grundprinzip ist: Wer beispielsweise 500 Euro ALG II bezieht und durch einen Minijob 200 Euro Einnahmen hat, der erhält dann nur 300 Euro ALG II. In der Summe bleiben 500 Euro, sprich es hat keine Auswirkung, ob jemand arbeitet oder nicht.

Um das ein wenig attraktiver zu machen, wurde ein **Freibetrag von 100 Euro** eingeführt. Im obigen Beispiel würden dann nur 100 Euro von den 200 Euro zur Anrechnung kommen, das Gesamteinkommen wäre dann 600 Euro.

Um die Arbeit auch über 100 Euro eigene Einnahmen attraktiver zu gestalten, dürfen 20 % bei Eigeneinkommen über 100 Euro verbleiben.

Im Beispiel wären das 20 Euro, das Gesamteinkommen beläuft sich dann auf 620 Euro. Ab der Stufe von 1.000 Euro Eigeneinkommen bis 1.200 Euro beträgt der Freibetrag nur noch 10 %.

[252] https://www.gesetze-im-internet.de/sgb_2/__11.html

Das ALG II kennt also drei Stufen (SGB II §11b)[253], die jeweils unterschiedlich berechnet werden:

- 0 bis 100 Euro: 100 % frei
- Über 100 Euro bis 1.000 Euro: 20 % frei
- Über 1.000 Euro und bis 1.200 Euro: 10 % frei[254]

Das ALG II spricht von Freibetrag. Milton Friedman dagegen schreibt vom Zuwendungssatz. Strukturell ist das kein Unterschied, aber es sind verschiedene Perspektiven. Ein Freibetrag ist der Betrag, der einem vom eigenen Einkommen bleibt. Ein Zuwendungssatz ist der Betrag, der vom Staat gezahlt wird. Eine dritte Variante ist die Anrechnung von eigenem Einkommen auf das Grundeinkommen.

Drei Begriffe und Sichtweisen für das Gleiche

Zuwendungssatz: Vom Staat ausgezahlt (Milton Friedman)
Anrechnungsfaktor: Anrechnung von eigenem Einkommen auf die staatliche Zuwendung
Freibetrag: Vom eigenen Einkommen verbleibend (ALG II)

Zuwendung wie Freibetrag haben beide den Klang von Obrigkeit. Im Fall der Zuwendung wird gnadenhalber Geld zugeteilt, im Fall des Freibetrags bleibt nicht weniger gnädig etwas übrig. Da im Steuerrecht der Begriff „Freibetrag" ebenfalls üblich ist, wäre es naheliegend, diesen Begriff auch im Kontext des Grundeinkommens zu verwenden. Mir erscheint der Begriff „Anrechnung" aber am ehesten eine gewisse Neutralität zu wahren, drückt das kalkulierende Prinzip besser aus und verknüpft beide Seiten, deshalb verwende ich ihn konzeptionell als Oberbegriff.

[253] https://www.gesetze-im-internet.de/sgb_2/__11b.html

[254] Mit einem Kind erhöht sich der Freibetrag von 1200 Euro auf 1500 Euro: https://www.gesetze-im-internet.de/sgb_2/__11b.html

11.6.1. Berechnungsweise

Die Anrechnung kann auf verschiedene Weisen erfolgen, direkt auf das Grundeinkommen oder per Steuerabzug.

Berechnungsweise

Direktabzug:
Zahlbetrag = Grundeinkommen – Markteinkommen * Faktor

Steuerabzug:
Zahlbetrag = Markteinkommen * Faktor – Grundeinkommen

Beispielsweise bei einem Grundeinkommen von 1.000 Euro und einem Anrechnungsfaktor von 50 ergeben sich folgende Zahlbeträge (man beachte Punkt vor Strich):

Markteinkommen	Direktabzug	Steuerabzug
0 €	1.000 €	-1.000 €
100 €	950 €	-950 €
500 €	750 €	-750 €
1.000 €	500 €	-500 €
1.500 €	250 €	-250 €
2.000 €	0 €	0 €
3.000 €	-500 €	500 €

Im Ergebnis macht es keinen Unterschied, welche Berechnungsweise zum Einsatz kommt, schließlich sind ja nur die beiden Rollen von Minuend und Subtrahend getauscht. Gedanklich besteht schon ein Unterschied, ob man das Grundeinkommen kürzt oder den Steuerbetrag mit dem Grundeinkommen verrechnet.

Beim **Steuerabzugsverfahren** ist gut zu erkennen, weshalb von der negativen Einkommensteuer gesprochen wird. Negative Beträge werden vom Finanzamt an den Steuerzahler gezahlt. Im positiven Fall zahlt der Steuerzahler an das Finanzamt und das Grundeinkommen wirkt wie ein Freibetrag. Die Sichtweise eines Steuerzahlers ist allerdings genau umgekehrt. Deshalb ist der Direktabzug didaktisch verständlicher, Finanzfachleute werden wohl den Steuerabzug bevorzugen.

11.6.2. Anrechnungsfunktion

So ist auch eine Anrechnung von 10 % oder 20 % aus Sicht des Bürgers eine Besteuerung von 90 % bzw. 80 %. Der Arbeitsanreiz ist doch recht überschaubar. Je niedriger der Satz, desto höher die Motivation. Zugleich steigt aber die Unterstützungsgrenze und sinkt die Finanzierbarkeit.

Extremfälle sind die volle Anrechnung oder der völlige Verzicht auf jegliche Anrechnung.

Als Kompromiss gilt die Mitte, also 50 %. Es wäre aber auch möglich, die Sätze in Stufen zu staffeln. Einen entsprechenden Stufentarif (15 %, 25 %, 35 %) für die „positive Einkommensteuer" schlägt die FDP in ihrem Gesetzesentwurf zur Einkommensteuer[255] vor.

Analog könnte auch ein Stufentarif für die negative Einkommensteuer den Einstieg erleichtern. Dies könnte beispielhaft so aussehen:

Staffelbetrag	Anrechnung
Bis 100 €	0 %
Über 100 € bis 300 €	25 %
Über 300 €	50 %

[255] Die neue Einkommensteuer: Niedrig, einfach und gerecht.
Berliner Entwurf der FDP (2003) von Hermann Otto Solms (Herausgeber)

Ähnlich wie im ALG II bleibt im Beispiel das Markteinkommen bis 100 Euro vollständig neben dem Grundeinkommen erhalten. Dieser Betrag wirkt ein Stück weit als Ausgleich für die Werbungskostenpauschale. Darüber hinaus gehende Beiträge bis 300 Euro werden mit 25 % angerechnet, alles darüber mit 50 %.

Wer beispielsweise zu einem Grundeinkommen von 1.000 Euro noch weitere 800 Euro Markteinkommen (ME) verdient, der hat in Summe 1.500 Euro:

Staffel	Anteil ME	Faktor	Betrag	Rest ME
Bis 100 €	100 €	0 %	0 €	100 €
100 € – 300 €	200 €	25 %	50 €	150 €
300 € – 800 €	500 €	50 %	250 €	250 €
Summe	**800 €**		**300 €**	**500 €**

Von den 800 Euro Markteinkommen werden 300 abgezogen und 500 Euro verbleiben. Zusammen mit einem Grundeinkommen von 1.000 Euro ergibt dies ein Gesamteinkommen von 1.500 Euro. Oder andersherum gerechnet:

Insgesamt 300 Euro werden auf das Grundeinkommen angerechnet, so dass von 1.000 Euro Grundeinkommen 700 Euro verbleiben. Mit dem eigenen Einkommen von 800 Euro beträgt das Gesamteinkommen 1.500 Euro.

Die Unterstützungsgrenze für ein Grundeinkommen liegt in diesem Beispiel bei 2.200 Euro Markteinkommen.

Wir haben zwei **verschiedene Arten der Anrechnung** kennengelernt: Ein einfacher Prozentsatz (50 %) und eine dreiteilige Staffel. Darüber hinaus kann die Anrechnung jede beliebige Rechenfunktion sein. Die Anrechnungsfunktion ist mathematisch sehr flexibel und umfasst auch den Extremfall einer 0% Anrechnung („bedingungslos"). **Für das Konzept halten wir daher fest, dass das System eines Grundeinkommens eine Anrechnungsfunktion beinhalten muss, die unterschiedlichste Ausgestaltungen ermöglicht.**

11.6.3. Social dividend und poverty gap

Die beschriebene Anrechnung wird auch als **Sozialdividende** (social dividend) oder „credit income tax" beschrieben. Dieses Verfahren entspricht den Plänen von Juliet Rhys-Williams wie auch dem Bürgergeld. Das verfügbare Einkommen ist immer oberhalb vom Grundeinkommen und damit oberhalb vom Existenzminimum. Das Grundeinkommen mindert die Steuerzahlung, ggf. eben bis in den negativen Bereich.

Die negative Einkommensteuer nach Milton Friedman vom Typ **poverty gap** (Armutslücke) mit einem Zuwendungssatz mindert dagegen zunächst das Markteinkommen und wendet auf den verbleibenden Betrag den Steuersatz an. Die Formel lautet:

Steuertransfer = (Markteinkommen – Grundeinkommen) * Steuersatz

Die negative Einkommensteuer im Sinne der Sozialdividende hat einen ganzheitlichen, **holistischen**, Ansatz. Sie ersetzt bestehende Sicherungssysteme. Dagegen versteht sich die negative Einkommensteuer nach dem Typ des Poverty Gap mit dem Zuwendungssatz **ergänzend** zu den bestehenden Sicherungssystemen, um die Armutslücke zumindest teilweise aufzufüllen. Der Unterschied im Ergebnis wird an einem **Rechenbeispiel** deutlich:

Markteinkommen	VE Sozialdividende	VE Poverty Gap
0 €	1.000 €	500 €
500 €	1.250 €	750 €
1.000 €	1.500 €	1.000 €
1.500 €	1.750 €	1.250 €
2.000 €	2.000 €	1.500 €
3.000 €	2.500 €	2.000 €
5.000 €	3.500 €	3.000 €

Im Beispiel werden wieder 1.000 Euro Grundeinkommen und 50 % Steuersatz angewendet und jeweils für beide Verfahren das jeweils verfügbare Einkommen (VE) in Euro berechnet.

Beim Verfahren nach Friedman wird gewissermaßen der **Schwerpunkt** tiefer gelegt. Für den Staatshaushalt ist dies vorteilhaft. Sofern die im Beispiel verwendeten 1.000 Euro dem Existenzminimum entsprechen, liegt ein Leistungsempfänger allerdings **teilweise unterhalb** des Existenzminimums. Im Rechenbeispiel beträgt dieses Mindesteinkommen dann bei einem Empfänger ohne Eigeneinkommen mit 500 Euro die Hälfte des Existenzminimums.

Dies könnte dergestalt repariert werden, dass das Existenzminimum als Mindestbetrag definiert wird und somit die Existenzsicherung garantiert. Das wird dem Friedman-Modell auch gerecht, versteht es sich schließlich nur ergänzend. Jedoch beträgt der Transferentzug dann bis zu einem Markteinkommen in Höhe des Existenzminimums 100%.

Alternativ besteht auch die Möglichkeit einer **Günstigerprüfung**. Sowohl die Grundsicherung nach ALG II wie auch die negative Einkommensteuer nach Friedman werden parallel berechnet. Die für den Leistungsempfänger bzw. Steuerzahler günstigere Regelung wird angewendet. Obendrauf könnte noch die effektive Grenzbelastung zur Anwendung kommen. Verständlich wäre diese für den Bürger kaum noch, aber vorteilhaft.

11.6.4. Ohne Anrechnung

Eine Anrechnung setzt allerdings voraus, dass es im Grundsatz etwas zum Anrechnen gibt. Wenn man, wie Götz W. Werner, die Besteuerung von Einnahmen, also die Lohn- und Einkommensteuer, ganz abschaffen möchte, dann kann das Grundeinkommen nur noch anrechnungsfrei gestellt werden. Es ist schließlich nichts mehr da, gegen das man anrechnen könnte.

Belässt man aber das bestehende Steuersystem, dann würde ein anrechnungsfreies („bedingungsloses") Grundeinkommen das Einkommen aller um den entsprechenden Betrag erhöhen, nicht nur derjenigen, die unter dem Existenzminimum liegen. Es handelt sich in dem Fall um eine **Kopfpauschale**.

Eine solche **generelle Einnahmeerhöhung** bliebe nicht ohne Wirkung auf die Märkte. Bei knappen Gütern, wie Mietwohnungen in bestimmten Regionen, würden die Preise steigen. Es besteht die Gefahr, dass der Schaden am Ende größer ist als der Nutzen. Die Wirkung eines Grundeinkommens ist nicht losgelöst vom Kontext. Eine Kopfpauschale in Deutschland mit einem hohen Anteil an städtischen Mietern und kalten Wintern wirkt anders als etwa auf einer Insel im warmen Süden und Bewohnern, die alle im Eigenheim leben und sich mit Anbau im Garten ganzjährig versorgen können. Die Auswirkungen zu testen ist durch eine Simulation möglich und würde die Diskussionen auf eine belastbare Grundlage stellen.

11.7. Zulagen

Das Grundeinkommen kann neben einem einheitlichen Basisbetrag noch **ergänzende Beträge** für besondere Lagen beinhalten, etwa bei hoher Miete (Wohngeld), Behinderung oder Krankheit. Damit können besonders Lebenssituationen ausgeglichen werden. Dies ist Teil der Bedürftigkeitsprüfung.

Im Sozialrecht spricht man von Sonder- und Mehrbedarfe, im Bereich der Gehälter von Zulagen. Der Begriff „**Zulage**" erweitert den politischen Spielraum, um über Bedarfe hinaus Zahlungen zu veranlassen. Solche Zahlungen können Pauschalen sein, wie sie beispielsweise im Rahmen der COVID-19-Pandemie gezahlt wurden, ohne dafür eine individuelle Bedarfsprüfung zu erstellen. Auch eine Erfolgsprämie etwa nach dem erfolgreichen Besuch einer Fortbildung wäre denkbar. Um diese Flexibilität des Systems zu ermöglichen, sollte mit „Zulage" ein über den „Bedarf" hinausgehender Begriff eingesetzt werden.

Jede Zulage kann analog dem Grundeinkommen wie dieses auf das Einkommen angerechnet werden oder mit einem eigenen Anrechnungsfaktor kalkuliert werden. So könnte eine Zulage im Falle einer Behinderung ohne Anrechnung auf das Einkommen erfolgen, um so einen Fairnessausgleich zu schaffen. Eine Zulage zur Unterkunft könnte dagegen auf das eigene Einkommen angerechnet werden.

Zulagen unterliegen einer Prüfung, etwa die Zahl der Kinder oder Schwere der Behinderung. Sie sind also nicht bedingungslos, sondern unmittelbar von der entsprechenden Bedingung abhängig. Je einfacher eine Bedingung feststellbar ist, desto weniger Fehlentscheidungen können eintreten. Beispielsweise lässt sich die Zahl der Kinder sehr einfach feststellbar, aber der Grad einer Behinderung ist ähnlich wie die Erwerbsfähigkeit selten zweifelsfrei bestimmbar.

Für die politische Arbeit hat das Zulagensystem den Vorteil, dass Wahlkampfversprechen hier ohne die sonst übliche strukturelle Deformierung des Gesamtsystems kanalisiert werden können. Zulagen machen das Gesamtsystem **zielgenauer** und damit auch kostengünstiger. Die Alternative wären Pauschalierungen für alle, was letztlich niemandem wirklich gerecht wird, vor allem aber auch nicht finanzierbar wäre.

11.8. Sach- und Dienstleistungen

Im Grundsatz sind Barleistungen einer Sach- oder Dienstleistung vorzuziehen. Die Empfänger können in der Regel die Verwendung besser optimieren als staatliche Regeln. Es kann aber natürlich im Einzelfall sein, dass dies nicht möglich ist. Wer beispielsweise keine Wohnung bekommen kann, der ist auf eine öffentliche Unterbringung angewiesen.

Erfolgt die Sach- oder Dienstleistung anstelle einer im Existenzminimum bzw. Grundeinkommen ausgewiesenen Position, so wäre der entsprechende Betrag anzusetzen und bei der Auszahlung abzuziehen. Die Leistung wird gewissermaßen in Rechnung gestellt und bereits an der Quelle, der Auszahlungsstelle des Grundeinkommens, geltend gemacht. Wer also etwa in einer öffentlichen Wohnung untergebracht ist, dem entstehen keine Mietkosten und folglich auch kein Anspruch auf Ersatz der Mietkosten.

11.9. Finanzierung

Kritiker warnen davor, dass ein Grundeinkommen ohne Anrechnung in der Breite nicht finanzierbar wäre.

Ein bedingungsloses Grundeinkommen als Kopfpauschale von 1.000 Euro pro Monat für rund 83 Millionen Einwohner[256] in Deutschland würde einen jährlichen Finanzbedarf von **996 Milliarden Euro** bedeuten. Dem stehen im Jahr 2019 in Deutschland insgesamt 799 Milliarden Euro Steuern von Bund, Ländern und Gemeinden gegenüber.

Die wichtigsten Steuereinnahmen 2019[257] mit rund 655 Euro machen 82% des gesamten Steueraufkommens in Deutschland aus:

Steuerart	in Mrd. Euro
Lohnsteuer	219,7
Einkommensteuer[258]	63,7
Körperschaftsteuer	32,0
Gewerbesteuer	55,4
Umsatzsteuer (Mehrwertsteuer)	183,1
Einfuhrumsatzsteuer	60,1
Energiesteuer	40,7

11.9.1. Finanzierungsquelle

Die naheliegende Finanzierung eines wie auch immer gestalteten Grundeinkommens erfolgt über Steuereinnahmen. Denkbar wären auch Beiträ-

[256] https://www.destatis.de/DE/Themen/Gesellschaft-Umwelt/Bevoelkerung/Bevoelkerungsstand/Tabellen/zensus-geschlecht-staatsangehoerigkeit-2020.html

[257] https://www.destatis.de/DE/Service/Bibliothek/_publikationen-fachserienliste-14.html Reihe 4

[258] Aufgeführt ist hier nur die veranlagte Steuer, für die eine Steuererklärung eingereicht wird. Nicht veranlagte Steuern wie Kapitalertragssteuern werden pauschaliert direkt bei der Bank erhoben.

ge, wie heute zur gesetzlichen Arbeitslosenversicherung. Allerdings müsste der Beitrag ähnlich wie der Rundfunkbeitrag von allen gezahlt werden. Eine private Pflichtversicherung für alle wäre im Grundsatz zwar ebenfalls denkbar, hätte aber keinen Gestaltungsspielraum und damit entfiele der Wettbewerbscharakter. Wenn man die Integration in das Einkommensteuergesetz und die Abwicklung über das Finanzamt regeln möchte, dann geht es nur über Steuereinnahmen.

11.9.2. Gegenfinanzierung

In der Gegenrechnung für ein Grundeinkommen werden einige Sozialleistungen obsolet, etwa ALG II, Wohngeld, BAföG, Kindergeld und Kinderzuschlag. Aus den **Förder- und Fürsorgesystemen** kann daher eine Größenordnung von 100 Mrd. Euro angesetzt werden. Der Großteil des Sozialbudgets umfasst jedoch beitragsfinanzierte Leistungen wie Renten- und Krankenversicherung und kann daher nicht für das Grundeinkommen im engeren Sinne verwendet werden.

Weiterhin spart ein Grundeinkommen **Verwaltungskosten**, jedenfalls, wenn man es richtig macht und bereit ist, Verwaltungen abzuschaffen. Auch der Verzicht auf Sanktionen spart Bürokratiekosten in der Sozial- und Justizverwaltung.

Auf der anderen Seite führt eine automatische Verrechnung zunächst zu höheren Ausgaben. Aus bereits ausgeführten Gründen sind nicht alle in der Lage, einen Antrag zu stellen, verzichten aus Scham darauf oder haben andere Gründe. Allerdings reduziert ein frühes Eingreifen häufig wesentlich höhere Folgekosten. Und den Verfassungsauftrag würde dies besser erfüllen als heute.

Sofern sich das Grundeinkommen auf eine Vereinfachung des Systems und der Zusammenführung verschiedener Sozialleistungen konzentriert, kann vermutet werden, dass es zu keinen Kostensteigerungen für die Staatsfinanzen kommt. Im positiven Fall kommt es durch die Verwaltungsreduktion sogar zu Kosteneinsparungen.

Sobald die Leistungen ausgeweitet werden, insbesondere mit einer Kopfpauschale, verbliebe unter dem Strich ein erheblicher Finanzbedarf. Befürworter fordern daher entsprechende zusätzliche Steuern, etwa auf Maschinen, um den Finanzbedarf zu decken.

Allerdings wären die Steuern so hoch, dass eine Flucht der Industrieproduktion in andere Länder drohen würde. Weitere Ideen sind die höhere Besteuerung von Einkommen, Steuern auf den Geldverkehr (Transaktionssteuer), den Konsum und den Verbrauch natürlicher Ressourcen.

Der Umfang der erforderlichen Steuern wäre so groß, dass es zu massiven Veränderungen kommen würde. Ein **schlagartiger Umbau** des Steuer- und Sozialsystems wird nie eine Mehrheit im Deutschen Bundestag finden. Dies gilt im Besonderen, wenn die Leistungen ausgeweitet werden sollten. Wir werden daher den Weg einer schrittweisen Optimierung gehen müssen.

11.9.3. Schrittweise Optimierung

Die Frage nach der Finanzierbarkeit stellt sich für die technisch-organisatorische Umstellung auf ein Grundeinkommen zunächst nicht. Ein Grundeinkommen mit verschiedenen Parametern ist nur die Basis, das Instrument auf dem gearbeitet werden kann. Unabhängig von der Ausgestaltung und Finanzierung kann die Modernisierung des Sozialstaats begonnen werden.

Wir können uns **schrittweise** an ein optimiertes Sozialsystem herantasten. Die Kosten für das Existenzminimum sind zwingend. Alles darüber hinaus wäre gestaltbar.

Es ist sehr wohl denkbar, dass ein Grundeinkommen zu **geringeren Aufwendungen** des Staates führt, weil die Verwaltungskosten sinken, und weil mehr Menschen eine Arbeit aufnehmen. Zugleich führt dies zu höheren Steuereinnahmen, eben, weil mehr Menschen den Weg in die Erwerbstätigkeit finden und weil Menschen risikobereiter sind und mehr Start-ups gründen.

Wir können mit wissenschaftlicher Unterstützung die idealen Parameter für ein Grundeinkommen herausfinden. Wir haben genügend Daten und auch Wissen über das Verhalten von Menschen, um zu einer guten Abschätzung zu kommen.

Dies wäre eine Aufgabe, der sich eine Bundesregierung stellen sollte. Ob man diese Parameter dann übernimmt oder andere Schwerpunkte setzt, ist eine Entscheidung, die der Gesetzgeber zu treffen hat. Darüber hinaus bildet ein flexibles Grundeinkommenssystem die Basis für eine schrittweise Optimierung in der Realität.

Zusammenfassung

- Kernziele sind die Absicherung der Existenz, die Stärkung der Eigenkräfte und die Ermöglichung von Chancen.
- Als übergreifender Begriff ist „Grundeinkommen" gesetzt.
- Das Konzept beinhaltet eine frei bestimmbare Anrechnungsfunktion für jedes Element eines Grundeinkommens.
- Ebenfalls können Bedingungen einschließlich einer Bedürftigkeitsprüfung für jedes Element beliebig definiert werden.
- Optionale Zulagen flexibilisieren und präzisieren das Grundeinkommen.
- Eine schrittweise Entwicklung und Optimierung macht die Entwicklung eines Grundeinkommens durchsetzbar, beherrschbar und finanzierbar.

12 System Grundeinkommen

Für die Realisierung eines Grundeinkommens gilt es, die technischen, organisatorischen und rechtlichen Voraussetzungen zu schaffen. Aufgrund der langen Umstellungszeit und der grundlegenden Änderung des Sozialsystem, ist eine Umsetzung nur mit einer sehr großen Mehrheit im Parlament und in der Bevölkerung realisierbar. Deshalb muss die Politik zunächst die Weichen stellen.

Wie nachstehend gezeigt wird, ist der technisch-organisatorische Unterbau bei geschickter Struktur offen für eine große Breite politischer Vorstellungen und Entscheidungen. Es ist ein zentrales Ziel, dass dieser Unterbau von großer Stabilität und zugleich Flexibilität ist, um vielfältigen Entwicklungen Rechnung tragen zu können.

12.1. Schrittweise Realisierung

Für eine Umstellung bestehen grundsätzlich zwei Möglichkeiten:

Die eine erfolgt nach umfassenden Vorbereitungen über Nacht, in einem **Big Bang**. In Anbetracht der Größe der Aufgabe und den möglichen Risiken einer solchen enormen Umstellung verbietet sich diese Vorgehensweise. Es hängt schließlich das Wohl und Wehe vieler Menschen davon ab.

Das gilt erst recht, wenn in der Sache grundlegende Änderungen erfolgen, etwa die Umstellung auf ein bedingungsloses Grundeinkommen. Die Auswirkungen wären derart vielfältig und komplex, dass sie kaum beherrschbar wären.[259] Eine derartig massive tektonische Verschiebung des Staatswesens mit hohem Risikopotenzial hat weder in der Bevölkerung noch in den Parlamenten eine Mehrheit.

[259] https://blogs.sub.uni-hamburg.de/hup/products-page/publikationen/8/ S. 41 und S. 56

Es bleibt daher nur der Weg einer **schrittweisen Umsetzung** auf Basis eines Zielkonzepts. Das Kernziel ist die Zusammenführung der Sozialtransfers in ein System des Grundeinkommens, das sich an dem Prinzip der negativen Einkommensteuer orientiert. Damit könnten auch die Extremwerte wie keiner („bedingungslos") oder vollständiger Anrechnung von eigenem Einkommen realisiert werden. Es ist notwendig, auf Grundlage des heutigen Systems zu arbeiten und schrittweise die Transformation umzusetzen.

Die folgenden sieben Schritte skizzieren einen machbaren Weg für die schrittweise Umsetzung:

12.1.1. Erster Schritt: Zahlungen über das Finanzamt

Im ersten Schritt werden alle finanziellen Transfers über das Finanzamt abgewickelt. Antragssteller werden über den Personalausweis mit Online-Funktion eindeutig identifiziert und über die Identifikationsnummer[260] zugeordnet.

Transferleistungen werden von den zuständigen Behörden an das Finanzamt übertragen und von dort weitergeleitet. Die Ämter **übermitteln** zunächst die Ansprüche, um zeitnah die Zahlungen gegenüber den Bürgern durchzuführen. Es genügt, den tatsächlichen Geldtransfer zwischen den Behörden monatlich in einer Summe durchzuführen.

Für die Überweisung vom Amt zum Leistungsempfänger wird die beim Finanzamt hinterlegte Bankverbindung verwendet, so dass diese im Antrag nicht mehr anzugeben ist. Forderungen gegenüber Beziehern werden ebenfalls vom Finanzamt eingezogen. Dies entspricht der heutigen Verfahrensweise für die Abwicklung der Einkommensteuer.

An dieser Stelle wirkt das **Finanzamt wie eine Bank**, die als Dienstleister die Abwicklung übernimmt. Rechtlich zuständig für die Finanzämter sind die Länder, die Zuständigkeit für Transferleistungen variiert jedoch zwi-

[260] https://www.gesetze-im-internet.de/ao_1977/__139b.html

schen Kommunen, Land und Bund. Mit der Dienstleister-Funktion ist eine Übertragung der Zuständigkeit nicht erforderlich.

12.1.2. Zweiter Schritt: Integriertes Antragsverfahren

Das Finanzamt verfügt schon über zahlreiche relevante Informationen. Deshalb werden im 2. Schritt Anträge zentral beim Finanzamt gestellt. Das erfolgt digital über ein geeignetes Portal. Dem Finanzamt bereits vorliegende Informationen müssen nicht mehr erneut erfasst werden. Andere Fachämter erhalten Zugriff auf die Daten, soweit erforderlich. Die Antragssteller verwenden zur Identifikation wieder den Personalausweis mit Online-Funktion. Vorhandene Daten dienen als Vorbesetzung und können im Verfahren korrigiert und ergänzt werden. Datenschutz und Datenzugriff sind, wie auch bei anderen Teilschritten, zu regeln. Eine Zentralisierung aller Vorgänge an einer Stelle wird auch als One-Stop-Shop bezeichnet.

Es ist durchaus möglich, dass der Antragsprozess **verschiedene Bausteine** beinhaltet. So ist es ja schon heute bei der Einkommensteuererklärung, in der je nach individuellem Bedarf unterschiedliche Anlagen genutzt werden. Entsprechend können weitere Anlagen für ein Grundeinkommen, bzw. für noch bestehende Maßnahmen wie Wohngeld und Kinderzulage, ergänzt werden. Die Entscheidung zwischen Vereinfachung und Individualisierung der Regelungen trifft die Politik. Das System eines Grundeinkommens muss alle Varianten abdecken und trotzdem als System einfach und unkompliziert bleiben.

Anträge auf Sozialleistung können heute schon bei jedem Leistungsträger oder den Gemeinden gestellt werden.[261] Diese müssen die Anträge an den zuständigen Leistungsträger weiterleiten. **Die digitale Antragsstellung vereinfacht das Verfahren.** Leistungsträger und Gemeinden müssen einen entsprechenden Verweis auf das digitale Antragsverfahren bereithalten, etwa als Link auf ihrer Homepage. Optional kann jede Behörde das digitale Verfahren auch selbst betreiben und als Host fungieren.

[261] https://www.gesetze-im-internet.de/sgb_1/__16.html

12.1.3. Dritter Schritt: Automatisierte Bedürftigkeitsprüfung

Wenn das Finanzamt über alle relevanten Daten verfügt, wird die Bedürftigkeitsprüfung automatisiert durchgeführt. Der Antrag reduziert sich auf die Bestätigung der vorausgefüllten Daten bzw. deren Korrektur und Ergänzung.

Darüber hinaus ist auf dieser Datengrundlage auch das **Armutsrisiko** kalkulierbar. Ab einer gewissen Schwelle können vorsorgende Maßnahmen ergriffen werden, um so ein Abgleiten in die Sozialbedürftigkeit zu vermeiden (predictive analytics-driven interventions). Das ist auch ein wichtiges Ziel des Grundeinkommens: Weniger Bürokratie, mehr Hilfe und vor allem frühe Hilfe. Allerdings ist ein solches Prognoseverfahren auch eine Herausforderung für den Datenschutz.

12.1.4. Vierter Schritt: Konvergenz der Maßnahmen

Weiterhin werden einzelne Maßnahmen wie ALG II, Wohngeld und Kinderzuschlag **schrittweise** zusammengeführt und an das Einkommensteuergesetz angepasst. Beispielsweise ist es sinnvoll, den Einkommensbegriff abzustimmen, den Personenkreis zu definieren und weitere Anpassungen vorzunehmen.

Die einzelnen Maßnahmen lassen sich im Grundsatz in unterschiedlicher Geschwindigkeit einbauen und abstimmen. Naheliegend wäre es, das Wohngeld und den Kinderzuschlag als ersten Schritt in das ALG II zu integrieren. Es besteht sogar die Möglichkeit, diese formal in unterschiedlichen Gesetzen zu belassen und nur in der Sache anzugleichen.

Bestimmungen und Verfahren aufeinander abzustimmen, bedeutet nicht zwingend, diese zu vereinheitlichen. Die Verfahrensweise und Prozessschritte werden zusammengeführt und einheitlich strukturiert. Wie beim Antragsverfahren können für jede Maßnahme zusätzliche Verfahrensbausteine ergänzt werden. Es geht um eine schrittweise Zusammenführung zu einem Gesamtbild.

12.1.5. Fünfter Schritt: Integrierter Steuer- und Sozial-Bescheid

Dieser Schritt führt die unterschiedlichen Bescheide zu einem Gesamtbescheid zusammen, dem integrierten Steuer- und Sozial-Bescheid. Dazu müssen die Bescheide **inhaltlich, juristisch und gestalterisch** aufeinander abgestimmt werden. Die Fachämter übermitteln, soweit noch erforderlich, die Entscheidungsgründe an das Finanzamt und dieses setzt die erforderlichen Textbausteine ein. Mit diesem integrierten Steuer- und Sozial-Bescheid wird auch ein einheitlicher Rechtsweg geschaffen.

12.1.6. Sechster Schritt: Motivation statt Sanktion

Das Anrechnungsverfahren sowie die Glättung mittels effektiver Grenzbelastung wird schrittweise intensiviert und optimiert. Ziel ist es, die Motivation für Erwerbstätigkeit zu steigern, die aktiven Erwerbstätigen nicht schlechter zu stellen sowie die Finanzierbarkeit sicherzustellen.

Zu beachten ist, dass die motivierenden Unterstützungsmaßnahmen nicht nur finanzieller Art sind, sondern auch Bildungs- und Coaching-Aktivitäten beinhalten. Diese Aufgaben verbleiben grundsätzlich in den heutigen Institutionen. Es ist aber sicherlich sinnvoll, diese Aufgaben bei der Arbeitsagentur oder einer anderen Stelle koordinierend zusammenzuführen. Schließlich ist die zu beratende Person in jedem Amt immer derselbe Mensch. Das war auch die Idee für die Integration von Sozial- und Arbeitslosenhilfe in der Bundesagentur für Arbeit.

12.1.7. Siebter Schritt: Automatisierter Antrag

Zum Schluss kann auf einen expliziten Antrag verzichtet werden. Das Finanzamt führt automatisiert regelmäßig eine Prüfung durch und vollendet damit das Prinzip der negativen Einkommensteuer. Allerdings ist ein digitaler Zugriff nicht auf alle Information möglich, etwa gehortetes Bargeld. Das erfordert entsprechende Meldepflichten und spätestens bei der Jahressteuererklärung eine entsprechende Darlegung und Aufrechnung.

Ein besonderes Augenmerk gilt der Budgetabsicherung. Da derzeit nur etwa die Hälfte der Anspruchsberechtigten einen Antrag stellen („non-take-up rate"), würde sich bei einem automatisierten Antrag die Belastung für den Staatshaushalt ungefähr verdoppeln. Der genaue Budgetbedarf kann bereits vorab in einer Simulation berechnet werden. Denkbar ist, dass die automatisierte Durchführung schrittweise für bestimmte Gruppen erfolgt, etwa zunächst Kinder und Senioren.

12.2. Universelles Steuerungsmodell

Das System des Grundeinkommens basiert auf verschiedenen **Parametern**. Durch geschickte Auswahl und Strukturierung dieser Parameter erfährt das System eine große Spannweite und kann trotzdem bei Änderungen flexibel seine Ordnung aufrechthalten. Die nachstehende Darstellung zeigt das Prinzip.

Zunächst sind **allgemeine Informationen** zu definieren:

Datenfeld	Erläuterung
Inkrafttreten	Beginn der Gültigkeit der Regelung.
Außerkrafttreten	Ende der Gültigkeit der Regelung. Bei Regelungen auf unbestimmte Zeit bleibt dieses Feld bis zur Terminierung leer.
Währung	Währungswechsel sowie eine Europäisierung oder weitergehende Internationalisierung lassen sich mit diesem Feld realisieren.

Das Grundeinkommen besteht aus dem **Basisbetrag und den Zulagen**. Dies kann unter bestimmten Kriterien variieren, wie etwa unterschiedliche Basisbeträge für Erwachsene und Kinder. Ganz allgemein kann es von beliebigen Bedingungen abhängen, was besonders bei Zulagen zum Tragen kommt. Jede Definition eines Betrags bestimmt sich also aus der Kalkulation des Betrags, den Bedingungen für die Gewährung und einer Anrechnungsfunktion.

Daraus ergeben sich die folgenden **Datenfelder**:

Datenfeld	Erläuterung
Art	Eine Bezeichnung wie „Basisbetrag" oder „Regionalzulage"
Betragskalkulation	Im einfachsten Fall ist das ein fester Betrag, aber es kann auch eine Berechnung erfolgen, z.B. eine Regionalzulage in Abhängigkeit von der Postleitzahl.
Bedingungen	Ob jemand überhaupt anspruchsberechtigt für eine Zulage ist, wird in den Bedingungen definiert. Auch eine Bedürftigkeitsprüfung wäre an dieser Stelle als Bedingung realisierbar. In einem internationalen System würde hier auch die Anspruchsgruppe (Staatsbürgerschaft/Aufenthalt) definiert werden. Art und Zahl der Bedingungen sind im Grundsatz keine Grenzen gesetzt. Selbstverständlich kann auch auf Bedingungen verzichtet werden („absolute Bedingungslosigkeit"), das Datenfeld bliebe dann leer.
Anrechnungsfunktion	Um die Anrechnung flexibel zu ermöglichen, wird nicht nur ein Prozentsatz angegeben, sondern eine frei gestaltbare Funktion. Diese kann einen einfachen Prozentsatz beinhaltet, aber auch eine Staffel oder jede beliebige Rechenfunktion.

Unterschiedliche Basisbeträge und Zulagen werden jeweils in einer Spalte definiert. Sie können, **Spalte für Spalte**, beliebig kombiniert werden. So wird mit wenigen Parametern ein **flexibles Grundeinkommen** mit einer großen Bandbreite an Möglichkeiten aufgespannt.

Es lassen sich sogar Transfers abwickeln, die über ein Grundeinkommen hinausgehen. Das Konzept stellt ein Baukastensystem zur Verfügung, das unterschiedlichste Ausgestaltungen ermöglicht.

Die folgenden Beispiele zeigen den Einsatz des Modells:

1. Beispiel

Grundeinkommen ohne jede Anrechnung („bedingungslos") mit einem einheitlichen Betrag von 1.000 Euro für alle:

Inkrafttreten	01.01.2022
Außerkrafttreten	
Währung	Euro
Art	Basisbetrag
Betragskalkulation	Fix, 1.000,00
Bedingungen	- Aufenthalt in Deutschland - Lebende Person
Anrechnungsfunktion	Prozentsatz, 0 %

2. Beispiel

Grundeinkommen mit 50 % Anrechnung, Basisbetrag 500 Euro:

Inkrafttreten	01.01.2022
Außerkrafttreten	
Währung	Euro
Art	Basisbetrag
Betragskalkulation	Fix, 500,00
Bedingungen	- Aufenthalt in Deutschland - Lebende Person
Anrechnungsfunktion	Prozentsatz, **50 %**

3. Beispiel

Grundeinkommen mit einer Anrechnungsstaffel, Basisbetrag 1.000 Euro für Erwachsene, 500 Euro für Kinder. Eine **weitere Differenzierung** ist über zusätzliche Spalten möglich (Baukastenprinzip):

Inkrafttreten	01.01.2022	01.01.2022
Außerkrafttreten		
Währung	Euro	Euro
Art	Basisbetrag	Basisbetrag
Betragskalkulation	Fix, **1.000,00**	Fix, **500,00**
Bedingungen	- Aufenthalt in Deutschland - Lebende Person **- Erwachsener**	- Aufenthalt in Deutschland - Lebende Person **- Kind**
Anrechnungsfunktion	Staffel 0, 100, 0 % 100, 300, 25 % 300, unbegrenzt, 50 %	Staffel 0, 100, 0 % 100, 300, 25 % 300, unbegrenzt, 50 %

4. Beispiel

Regionale Zulage mit einem Mindestbetrag von 100 Euro und einer durch die Software berechneten Erhöhung (hier nicht im Detail ausgeführt), abhängig von der Postleitzahl. Die Anrechnung erfolgt wieder mit der gleichen Staffel wie eben:

Inkrafttreten	01.01.2022
Außerkrafttreten	
Währung	Euro
Art	Regionalzulage

Betragskalkulation	**PLZ**, 100,00
Bedingungen	- Aufenthalt in Deutschland - Lebende Person
Anrechnungsfunktion	Staffel 0, 100, 0 % 100, 300, 25 % 300, unbegrenzt, 50 %

5. Beispiel

Dieses Beispiel entspricht einem realen Vorbild, dem Kinderbonus 2020 im Rahmen der COVID-19-Pandemie: Kinderbonus-Zulage von 300 Euro[262] ohne Anrechnung[263] einmalig. Der Bonus wurde in zwei Raten gezahlt, 200 Euro im September 2020 und 100 Euro im Oktober 2020. Die Umsetzung erfolgt wieder über entsprechende Spalten im Baukastenprinzip:

Inkrafttreten	**01.09.2020**	**01.10.2020**
Außerkrafttreten	**30.09.2020**	**31.10.2020**
Währung	Euro	Euro
Art	Kinderbonus **9**/2020	Kinderbonus **10**/2020
Betragskalkulation	Fix, **200,00**	Fix, **100,00**
Bedingungen	- Aufenthalt in Deutschland - Lebende Person - Kindergeldanspruch in 2020	- Aufenthalt in Deutschland - Lebende Person - Kindergeldanspruch in 2020
Anrechnungsfunktion	Prozentsatz, 0 %	Prozentsatz, 0 %

[262] https://www.gesetze-im-internet.de/bkgg_1996/__6.html

[263] https://www.gesetze-im-internet.de/kbnanrg/BJNR041700009.html

Der Kinderbonus verlässt eigentlich bereits den Rahmen eines Grundeinkommens. Der Mechanismus erlaubt es auch, Transfers zu regeln, die mit einem Grundeinkommen nichts zu tun haben.

6. Beispiel

Mit dem vorgestellten System sind auch Sanktionen realisierbar. Im Beispiel wird das Grundeinkommen um 10 % gekürzt, weil keine Arbeitsaufnahme erfolgte.

Inkrafttreten	1.1.2022
Außerkrafttreten	
Währung	Euro
Art	Sanktion
Betragskalkulation	Prozentual vom Grundeinkommen, -10 %
Bedingungen	- Aufenthalt in Deutschland - Lebende Person - Empfänger Grundeinkommen - Kein wichtiger Grund für Pflichtverletzung - Auswirkung keine außergewöhnliche Härte - Arbeitsfähig - Arbeit zumutbar - **Keine Arbeitsaufnahme**
Anrechnungsfunktion	Prozentsatz, 0 %

12.3. Zentrale Steuerungsdatei

Zuständig ist das Bundesfinanzministerium, diese Steuerungsparameter[264] zu pflegen und als Datei für den IT-Einsatz zur Verfügung zu stellen. Jede Software, die Berechnungen zum Grundeinkommen durchführt, erhält bei Änderungen diese Datei und prüft automatisch diese Änderungen.

[264] Die Daten zur Verfahrensteuerung sind nicht zu verwechseln mit den personenbezogenen Daten.

12.4. Steuerungsgruppe

Eine Steuerungsgruppe übernimmt die langfristige Koordination für Modellentwicklung und Umsetzung. Diese Gruppe wird von Bundestag und Bundesrat ernannt und besteht aus folgenden **Teilgruppen**:

- Die politischen Vertreter der Bundes- und Landesparlamente sowie kommunaler Spitzenverbände.
- Die fachlichen Sachverständigen der beteiligten Verwaltungen.
- Die Experten für die Digitalisierung, insbesondere für die Struktur des Steuerungsmodells, die Schnittstellen zwischen den Ämtern, die Architektur der Domänen sowie Datenschutz und Datensicherheit.

Zu den **Aufgaben** der Steuerungsgruppe gehören

- Die Einbeziehung von Fachleuten aus Wissenschaft, Wirtschaft und Gesellschaft.
- Der Aufbau empirischer Forschungsinstrumente und Monitoring-Werkzeuge.
- Der Austausch mit der Öffentlichkeit.

12.5. Nur eine Minute

Ob wir ein bedingungsloses Grundeinkommen ohne jede Anrechnung umsetzen oder ein ausdifferenziertes System mit einer Vielzahl von Zulagen, Bedingungen und Anrechnungsfunktion, ist nur eine Frage von einigen wenigen Parametern und ihrer Werte. **Das einmal geschaffene System des Grundeinkommens ist höchst flexibel, um unterschiedlichste politische Vorstellungen abzubilden.**

Wenn beispielsweise eine frisch gewählte Koalitionsregierung in ihrem Koalitionsvertrag eine neue Zulage beschließt, dann erfordert dies nur einen zusätzlichen Datensatz in der Steuerungsdatei. Die heiße Diskussion, wie bedingungslos ein Grundeinkommen sein soll, ist technisch-organisatorisch im Kern nur ein einziger Parameter, die Anrechnungsfunktion. Entsprechendes gilt für die Höhe des Basisbetrags eines Grundeinkommens.

Natürlich sind politische Diskussion und Bereitstellung entsprechender Finanzmittel für die konkrete Ausgestaltung durchzuführen. Doch das gilt für jede politische Maßnahme. Entscheidend ist, dass die Umsetzung mit sehr geringem Aufwand durchgeführt werden kann.

Es dauert nur eine Minute, eine neue Zulage einzubauen.

Es dauert nur eine Minute, den Basisbetrag an ein aktuelles Existenzminimum anzupassen.

Es dauert nur eine Minute, um aus der 100 % Anrechnung eine 0 % Anrechnung zu machen.

Nur eine Minute liegt zwischen Utopie und Machbarkeit.

Aus Sicht der Befürworter eines bedingungslosen Grundeinkommens geht die heutige Politik nur den halben Weg. CDU/CSU und FDP wollen Ertragssteuern senken, Götz W. Werner will sie ganz abschaffen. Die Grünen wollen auf Sanktionen verzichten, die FDP will durch ein verbessertes Anrechnungsverfahren mehr Netto belassen. Die Europäische Bürgerinitiative will auf die Anrechnung und (fast) alle Bedingungen ganz verzichten.

Eine schlagartige Revolution in der Sozialpolitik wird es nicht geben. Dafür gibt es keine Mehrheiten in Deutschland. Notwendig sind viele einzelne Schritte, um die verschiedenen Maßnahmen aufeinander abzustimmen und zusammenzuführen. Anstatt uns die Köpfe heiß zu reden, was ein bedingungsloses Grundeinkommen ist, ob ein Bürgergeld nicht viel besser ist, oder eine Garantiesicherung der Stein der Weisen, sollten wir zunächst die Strukturen schaffen, die jedes dieser Ziele ermöglicht. Diesen Weg können alle gemeinsam gehen.

Zwischen all diesen verschiedenen politischen Ideen liegt – nur eine Minute.

Zusammenfassung

- Das Grundeinkommen wird schrittweise realisiert.
- Das universelle Steuerungsmodell ermöglicht unterschiedlichste Ausprägungen eines Grundeinkommens.
- Nach dem Baukastenprinzip können die einzelnen Elemente eines Grundeinkommens Spalte für Spalte zusammengefügt werden.
- Eine Steuerungsgruppe bringt die relevanten Gruppen zusammen und steuert die langfristig angelegte Umsetzung.
- Ein systematisch strukturiertes Grundeinkommen ermöglicht nicht nur, dass ein Antrag in nur einer Minute erstellt und beschieden wird, sondern erlaubt auch die Realisierung verschiedener politischer Ziele in nur einer Minute.

13 Zusammenfassung: Sozial 4.0 statt Hartz IV

Genau genommen gibt es **den** Sozialstaat nicht. Wir haben viele Sozialstaaten, eine Kleinstaaterei mit größeren und kleineren „Fürstentümern". Wenn Experten schon mit diesem Flickenteppich zu kämpfen haben, wie sollen sich dann hilfesuchende Bürger zurechtfinden?

Die deutsche Politik muss sich langfristig auf das Ziel eines Grundeinkommens verständigen. Wir können nicht schlagartig alles umstellen. Wir können schon die Auswirkungen im Kleinen kaum überblicken. Eine radikale Änderung des Sozialstaats ist nicht beherrschbar, zumindest nicht durch die bestehenden Strukturen. Dafür gibt es auch in keiner der im Deutschen Bundestag vertretenen Parteien eine Mehrheit, erst recht nicht in der Gesamtheit der Politik. Wir werden nur Schritt für Schritt den Umbau durchführen können.

Entscheidend ist, dass wir eine klare Vorstellung vom Ziel entwickeln: Ein einfaches, integriertes und motivierendes System, das frühzeitig und schnell Hilfsbedürftige stabilisiert, das die Existenz verlässlich absichert und einen fließenden Übergang in die Eigenständigkeit ermöglicht.

Es geht nicht darum, den **Sozialstaat** auszubauen, sondern ihn effizienter zu gestalten und Bürger wie Staat von Bürokratie zu entlasten.

Es geht nicht darum, mehr **Finanzmittel** einzusetzen, sondern vorhandene wirkungsvoller zu nutzen. Das ideale Grundeinkommen, die bestmögliche Sozialpolitik, macht sich selbst überflüssig.

Es geht nicht darum, dass ein Grundeinkommen sofort alle **Probleme** löst, sondern darum, Lösungen problemloser zu gestalten.

Die Informatik muss aus ihrer Rolle des Umsetzungsgehilfen heraustreten und an der Umgestaltung mitwirken. Für eine derart umfangreiche und langandauernde Aufgabe ist im Sinne von Open Government nicht nur Offenheit und Transparenz erforderlich, sondern auch eine Beteiligung der IT-Community.

In der Politik sind alle, die an einer Fortentwicklung interessiert sind, gefordert, zusammenzuwirken. Es hilft niemandem, wenn sich die Anhänger von Bürgergeld, bedingungslosem Grundeinkommen oder Garantiesiche-

Version	Modell	Leitmotiv	Konzept
1.0	**Almosen**	Mitleid und Nächstenliebe	Erbarmen
2.0	**Umerziehung**	Armut ist eine Charakterschwäche	Abschreckung
3.0	**Sanktion**	Wer nicht arbeitet, soll auch nicht essen	Fordern und Fördern
4.0	**Motivation**	Leistung soll sich lohnen	Bestmögliche Wirkung

rung in ihren Festungen eingraben. Wer ein bedingungsloses Grundeinkommen will, mag eine Garantiesicherung oder Bürgergeld nur als Zwischenschritt betrachten. Auf den Weg sollten sich alle gemeinsam machen.

Notwendig ist, zu einem konzeptionellen Konsens zu finden und ein Modell auf Basis der verschiedenen Stellgrößen zu entwickeln. Schrittweise können wir dann auf dem Weg zu einem Grundeinkommen vorangehen. Wie die einzelnen Parameter eingestellt werden, darf dann gerne intensiv diskutiert und in Wahlkämpfen beworben werden.

Planung	Organisation
Entscheidung des Gebers	Direkte Gabe
Öffentliche Einzelprojekte	Arbeitshaus und Arbeitslager
Vergangene und erwartete Entwicklung	Intensiv-Bürokratie
Prognose und Optimierung durch detaillierte digitale Simulation	Digitale Automatisierung

14 Anhang

14.1. Bundesverfassungsgericht

Das Bundesverfassungsgericht hat in seinen Urteilen das menschenwürdige Existenzminimum als absoluten Anspruch bestimmt, der nicht eingeschränkt werden darf. Der Anspruchsumfang muss realitätsgerecht und nachvollziehbar berechnet werden.

14.1.1. Urteil zum Umfang des Anspruchs

BVerfG, Urteil des Ersten Senats vom 09. Februar 2010[265] - 1 BvL 1/09 -

Leitsätze

1. Das Grundrecht auf Gewährleistung eines menschenwürdigen Existenzminimums aus Art. 1 Abs. 1 GG in Verbindung mit dem Sozialstaatsprinzip des Art. 20 Abs. 1 GG sichert jedem Hilfebedürftigen diejenigen materiellen Voraussetzungen zu, die für seine physische Existenz und für ein Mindestmaß an Teilhabe am gesellschaftlichen, kulturellen und politischen Leben unerlässlich sind.

2. Dieses Grundrecht aus Art. 1 Abs. 1 GG hat als Gewährleistungsrecht in seiner Verbindung mit Art. 20 Abs. 1 GG neben dem absolut wirkenden Anspruch aus Art. 1 Abs. 1 GG auf Achtung der Würde jedes Einzelnen eigenständige Bedeutung. Es ist dem Grunde nach unverfügbar und muss eingelöst werden, bedarf aber der Konkretisierung und stetigen Aktualisierung durch den Gesetzgeber, der die zu erbringenden Leistungen an dem jeweiligen Entwicklungsstand des Gemeinwesens und

[265] http://www.bverfg.de/e/ls20100209_1bvl000109.html

den bestehenden Lebensbedingungen auszurichten hat. Dabei steht ihm ein Gestaltungsspielraum zu.

3. **Zur Ermittlung des Anspruchumfangs hat der Gesetzgeber alle existenznotwendigen Aufwendungen in einem transparenten und sachgerechten Verfahren realitätsgerecht sowie nachvollziehbar auf der Grundlage verlässlicher Zahlen und schlüssiger Berechnungsverfahren zu bemessen.**

4. Der Gesetzgeber kann den typischen Bedarf zur Sicherung des menschenwürdigen Existenzminimums durch einen monatlichen Festbetrag decken, muss aber für einen darüber hinausgehenden unabweisbaren, laufenden, nicht nur einmaligen, besonderen Bedarf einen zusätzlichen Leistungsanspruch einräumen.

14.1.2. Urteil zu den Sanktionsgrenzen

BVerfG, Urteil des Ersten Senats vom 05. November 2019[266] - 1 BvL 7/16 -

Leitsätze

1. Die zentralen verfassungsrechtlichen Anforderungen an die Ausgestaltung staatlicher Grundsicherungsleistungen ergeben sich aus der grundrechtlichen Gewährleistung eines menschenwürdigen Existenzminimums (Art. 1 Abs. 1 in Verbindung mit Art. 20 Abs. 1 GG). Gesichert werden muss einheitlich die physische und soziokulturelle Existenz. Die den Anspruch fundierende Menschenwürde steht allen zu und geht selbst durch vermeintlich „unwürdiges" Verhalten nicht verloren. Das Grundgesetz verwehrt es dem Gesetzgeber aber nicht, die Inanspruchnahme existenzsichernder Leistungen an den Nachranggrundsatz zu binden, also nur dann zur Verfügung zu stellen, wenn Menschen ihre Existenz nicht vorrangig selbst sichern können, sondern wirkliche Bedürftigkeit vorliegt.

[266] http://www.bverfg.de/e/ls20191105_1bvl000716.html

2. Der Gesetzgeber kann erwerbsfähigen Menschen, die nicht in der Lage sind, ihre Existenz selbst zu sichern, und die deshalb staatliche Leistungen in Anspruch nehmen, abverlangen, selbst zumutbar an der Vermeidung oder Überwindung der eigenen Bedürftigkeit aktiv mitzuwirken. Er darf sich auch dafür entscheiden, insoweit verhältnismäßige Pflichten mit wiederum verhältnismäßigen Sanktionen durchzusetzen.

3. Wird eine Mitwirkungspflicht zur Überwindung der eigenen Bedürftigkeit ohne wichtigen Grund nicht erfüllt und **sanktioniert der Gesetzgeber das durch den vorübergehenden Entzug existenzsichernder Leistungen, schafft er eine außerordentliche Belastung. Dies unterliegt strengen Anforderungen der Verhältnismäßigkeit**; der sonst weite Einschätzungsspielraum zur Eignung, Erforderlichkeit und Zumutbarkeit von Regelungen zur Ausgestaltung des Sozialstaates ist hier beschränkt. Prognosen zu den Wirkungen solcher Regelungen müssen hinreichend verlässlich sein; je länger die Regelungen in Kraft sind und der Gesetzgeber damit in der Lage ist, fundierte Einschätzungen zu erlangen, umso weniger genügt es, sich auf plausible Annahmen zu stützen. Zudem muss es den Betroffenen tatsächlich möglich sein, die Minderung existenzsichernder Leistungen durch eigenes Verhalten abzuwenden; es muss also in ihrer eigenen Verantwortung liegen, in zumutbarer Weise die Voraussetzungen dafür zu schaffen, die Leistung auch nach einer Minderung wieder zu erhalten.

14.2. Parteiprogramme

Welche Vorstellungen haben die Anfang 2021 im Bundestag vertretenen Parteien und wie war ihre bisherige Entwicklung? Eine Skizze der politischen Landschaft in alphabetischer Reihenfolge:

14.2.1. AfD

Die AfD wurde 2013 gegründet und verfügt daher noch nicht über eine längere programmatische Entwicklung.

Die AfD bewegt sich in der Sozialpolitik im Wesentlichen im bestehenden System. Bei Arbeitslosengeld und Grundsicherung im Alter will sie vorhergehende Erwerbstätigkeit mit einem Aufschlag berücksichtigen. Weiterhin sollen Erziehungszeiten eine angemessene Rentenerhöhung zur Folge haben. In der Steuerpolitik spricht sich die AfD für ein Familiensplitting aus.[267]

14.2.2. Bündnis 90/Die Grünen

Die Grünen fordern im Wesentlichen in ihren Programmen das, was das Bundesverfassungsgericht als „menschenwürdige Existenzminimum" definiert.[268]

So forderten die Grünen im Bundestagswahlprogramm 1994 eine pauschalierte Grundsicherung.

Im Bundestagswahlprogramm 2009 forderten die Grünen eine sanktionsfreie Grundsicherung:

- ***„Wir wollen keinen Sozialstaat, der die Menschen entmündigt, sondern einen, der Teilhabe und neue Chancen ermöglicht: Wir wollen einen ermöglichenden Sozialstaat."***
- ***„Unser Ziel ist eine Grundsicherung, die ohne Sanktionen auskommt und die auf Motivation, Hilfe und Anerkennung statt auf Bestrafung setzt."***
- Die ersten 100 Euro sollen ohne Anrechnung auf das Einkommen bleiben, der Bereich über 100 bis 400 Euro soll mit 50 % angerechnet werden.

Im Bundestagswahlprogramm 2017[269] forderten die Grünen: „Die Grundsicherung muss das soziokulturelle Existenzminimum für alle gewährleisten."

267 https://www.afd.de/wahlprogramm/

268 https://www.boell.de/de/navigation/archiv-4289.html

269 https://www.gruene.de/artikel/gruenes-wahlprogramm-zur-bundestagswahl-2017-zukunft-wird-aus-mut-gemacht

Im Grundsatzprogramm von 2020[270], wie auch einem ausführlicheren Fraktionsbeschluss[271], fordern die Grünen eine Garantiesicherung:

- ***„Sie schützt vor Armut und garantiert ohne Sanktionen das soziokulturelle Existenzminimum."***
- ***„Existenzsichernde Sozialleistungen sollen Schritt für Schritt zusammengeführt und langfristig soll die Auszahlung in das Steuersystem integriert werden."***
- ***„Dabei orientieren wir uns an der Leitidee eines Bedingungslosen Grundeinkommens."***

Das Grüne Netzwerk Grundeinkommen[272] ist ein loser Zusammenschluss von grünen Mitgliedern, die für ein bedingungsloses Grundeinkommen eintreten.

14.2.3. CDU/CSU

Zu grundlegenden Veränderungen der Sozialsysteme sucht man in den Wahlprogrammen[273] von CDU/CSU vergeblich.

Im Wahlprogramm 1994 fordern CDU/CSU:

- Stärkere Ausrichtung der Transferleistungen für die Familien auf Einkommen und Kinderzahl.
- Zur Verbesserung der Familienförderung möglichst nur eine Anlaufstelle für alle Geldleistungen; die verschiedenen Einkommensbegriffe dieser Leistungen sollen vereinheitlicht werden.
- Die Bildung von Wohneigentum für Familien mit Kindern stärker fördern.
- CDU und CSU wollen, dass Sozialhilfeempfänger ermutigt werden, auch niedrig bezahlte Arbeit anzunehmen. Die Aufnahme

[270] https://www.gruene.de/artikel/das-neue-grundsatzprogramm

[271] https://www.gruene-bundestag.de/files/beschluesse/beschluss-garantiesicherung.pdf

[272] https://gruenes-grundeinkommen.de/

[273] https://www.kas.de/de/web/geschichte-der-cdu/wahlprogramme-und-slogans

einer solchen Tätigkeit soll sich auch dann lohnen, wenn der Anspruch auf Sozialhilfe das eigene Einkommen übersteigt.

2009 fordern die Schwesterparteien:

- Anhebung des Grundfreibetrages und Kindergeldes
- Einführung eines Teilelterngeldes
- Die Bedingungen für den Kinderzuschlag weiter verbessern. Erwerbstätige Eltern sollen nicht auf die Grundsicherung angewiesen sein, nur weil sie Kinder haben.

Im Wahlprogramm 2017 stellen CDU/CSU Familien und Kinder in den Mittelpunkt. Sie wollen die Kinderrechte im Grundgesetz verankern und Bildung und Betreuung stärken. Ziele sind deshalb

- Rechtsanspruch auf Betreuung im Grundschulalter
- Anhebung des Kindergeldes und Kinderfreibetrags
- Einführung eines Baukindergeldes

Im Grundsatzprogramm 2007[274] fordert die CDU:

„Ein gerechtes Sozialsystem muss die Rahmenbedingungen eines menschenwürdigen Daseins für alle sichern und Hilfe in unverschuldeten Notlagen garantieren. Soziale Gerechtigkeit hat sich insbesondere gegenüber den Schwachen zu bewähren. Sozialstaatliche Daseinsvorsorge darf nicht zur Entmündigung durch den Staat führen. Sie muss die Leistungsfähigkeit des Einzelnen fördern und sein solidarisches Engagement fordern – auch hier gilt das Subsidiaritätsprinzip."

Die CSU schreibt im Grundsatzprogramm 2016[275] über den Sozialstaat:

„Wir wollen, dass Menschen von ihrer Arbeit leben können und soziale Sicherheit haben. Wir setzen uns für einen Sozialstaat des fairen Ausgleichs

[274] https://www.cdu.de/grundsatzprogramm-2007

[275] https://csu-grundsatzprogramm.de

ein. Zur Fairness gehört Eigenverantwortung. Wir wollen ein selbstbestimmtes Leben fördern und zu Eigenverantwortung befähigen. So viele Menschen wie möglich sollen für sich selbst sorgen können."

14.2.4. Die Linke

Die Linke wurde 2007 aus dem SED-Nachfolger PDS und der SPD-Abspaltung WASG gegründet.

2009 forderte Die Linke:

- Hartz IV durch eine bedarfsdeckende und sanktionsfreie Mindestsicherung ersetzen
- Nachweisbare Sonderbedarfe werden zusätzlich übernommen
- Abschaffung des Sanktionsparagraphen 31 im SGB II
- Angemessene Wohnkosten in Höhe der tatsächlichen Aufwendungen ersetzen
- Die Vermögensfreigrenzen auf 20.000 Euro pro Person heraufsetzen und das Schonvermögen für die Altersvorsorge auf 700 Euro pro Lebensjahr anheben

Während sich Die Linke 2009 noch auf Änderungen im bestehenden System konzentriert, geht sie im Wahlprogramm 2017 stärker ins Grundsätzliche, bleibt aber letztlich Stückwerk:

- Die Linke will einen öffentlichen Beschäftigungssektor für Menschen schaffen, die derzeit keiner regulären Beschäftigung nachgehen können. Weiterhin soll eine Erwerbslosenversicherung eingeführt werden.
- Hartz IV soll durch eine sanktionsfreie Mindestsicherung in Höhe von 1.050 Euro (bei jährlicher Anpassung) ersetzt werden. Ergänzt wird es bei Sonderbedarfen wie einer Behinderung.
- Für Kinder soll eine eigenständige Kindergrundsicherung in Höhe von 573 Euro (jährliche Anpassung) geschaffen werden, die unterschiedliche Geldleistungen zusammenfasst.

- Beim Thema Grundeinkommen ist Die Linke nach eigener Aussage nicht entschieden und deshalb für eine kontroverse Debatte. Sie unterstützt die Einsetzung einer Enquete-Kommission zum Grundeinkommen im Deutschen Bundestag.
- Bedarfs- und Einstandsgemeinschaften will Die Linke abschaffen und durch individuelle Ansprüche ersetzen.
- Für Menschen mit Behinderungen fordert Die Linke ein Teilhabegeld, das sowohl bezüglich Einkommen als auch Vermögen anrechnungsfrei zu stellen ist.

14.2.5. FDP

Auf der Grundlage des Bürgergeld-Konzepts von Prof. Dr. Mitschke aus den 1970/80er Jahren intensivierte die FDP die sozialpolitische Diskussion und präsentierte 1994 im Bundestagswahlprogramm das Bürgergeldsystem in großer Ausführlichkeit (siehe nachstehenden Kasten). Auch den Begriff „Bürgergeld" übernahm die FDP. Das Bürgergeld nahm in den 1990er Jahren Schwung auf. Deutlich mehr Auftrieb erlangte allerdings die Diskussion um ein einfaches und niedrigeres Steuersystem. Auch Union und Grüne nahmen die Diskussion auf und entwickelten eigene Steuer- und Sozialkonzepte. In Wissenschaft, Wirtschaft und Gesellschaft erfolgte ebenfalls eine lebhafte Diskussion zu einer grundlegenden Steuerreform. Die Reform des Sozialsystems geriet darüber in den Hintergrund.

FDP Wahlprogramm 1994[276]

Eine grundlegende Reform auf den Weg bringen

Das heutige System hoher Steuern einerseits und einer Vielzahl steuerfinanzierter Sozialleistungen andererseits ist sozial ungerecht, zu kompliziert und undurchsichtig. Die **Vielzahl unterschiedlicher Zuständigkeiten** für die Sozialleistungen (37 Anlaufstellen für

[276] https://www.freiheit.org/de/wahlprogramme-der-fdp-zu-den-bundestagswahlen 1994 Seite 81-85

152 verschiedene Hilfearten) überfordert durch bürokratisierte und komplizierte Regelungen vor allem die sozial Schwächsten unserer Gesellschaft und erleichtert den Mißbrauch von Sozialleistungen.
In diesem System lohnt sich für die Empfänger von Sozialleistungen Erwerbsarbeit vielfach nicht.
Die F.D.P. fordert eine Steuer- und Transferordnung aus einem Guß: **das Bürgergeldsystem.**
Es geht um eine grundlegende Reform von Einkommensbesteuerung und steuerfinanzierten Sozialleistungen.

...

Das reformierte System schafft Anreize für Erwerbsarbeit, sichert finanziell die menschenwürdige Existenz, baut Bürokratie ab und führt durch größere Transparenz und Chancen für eigenverantwortliche Lebensgestaltung zu mehr sozialer Gerechtigkeit.

...

Diese Anliegen liberaler Sozialpolitik fördert eine Reform, die Einkommensbesteuerung und steuerfinanzierte Sozialleistungen zu einer einfachen Gesamtordnung zusammenfügt:
Bei hohen Löhnen zahlt der Bürger Steuern; bei geringem oder fehlendem Einkommen erhält er „Bürgergeld". Eine so reformierte Einkommensbesteuerung wird in der Fachdiskussion als **Bürgergeldsystem** oder auch als **„Negativsteuer"** bezeichnet.

...

Das Bürgergeld sichert – vereinfacht – das gesetzlich anerkannte Existenzminimum. Im Bereich der steuerfinanzierten Sozialleistungen tritt es an die Stelle u.a. von Arbeitslosen- und Sozialhilfe, Wohngeld, BaföG, Kinder- und Erziehungsgeld. Es umfaßt angemessene steuerliche Freibeträge, wie z.B. Kinderfreibeträge oder angemessene Freibeträge für Vorsorgeaufwendungen. Auf der Grundlage der **persönlichen Lebensumstände,** wie z.B. Familiengröße, errechnet das Finanzamt eine individuelle Einkommensgrenze. Liegt das Jahreseinkommen des jeweiligen Haushaltes über dieser Einkommensgrenze, muß für den überschießenden Beitrag Steuern gezahlt werden, liegt es darunter, wird der Differenzbetrag abzüglich des angerechneten Teils des erzielten Einkommens (Bürgergeld im eigentlichen Sinne) ausgezahlt.

> Das **Finanzamt wird alleinige Verrechnungsstelle** für Transferleistungen und staatliche Steueransprüche. **Das Bürgergeld ist damit auch wesentlicher Beitrag zur Verwaltungsvereinfachung und zum Bürokratieabbau;** Ineffizienz und Mißbrauchsmöglichkeiten werden wesentlich vermindert.

Mitte der 2000er Jahre versiegte allerdings der Reformeifer und so fehlte der Koalition von CDU/CSU und FDP 2009 die Kraft und der Wille, die Reformen anzupacken. Die FDP bekam dafür 2013 die Quittung und zog erst 2017 wieder in den Bundestag ein.

In ihrem Grundsatzprogramm[277] „Verantwortung für die Freiheit." von 2012 fasste die FDP die Elemente ihres Bürgergelds wie folgt zusammen:

„Mit dem liberalen Bürgergeld wollen wir deshalb möglichst viele steuerfinanzierte Transferleistungen in ein faires und transparentes System zusammenführen: Das Bürgergeld sichert als regional differenzierte Pauschale das soziokulturelle Existenzminimum von Bedürftigen. Besondere Lebenssituationen werden ebenfalls pauschal berücksichtigt.

Das Bürgergeld wird aus einer Hand ausgezahlt. Das Finanzamt verrechnet den Anspruch mit der Steuerschuld im Sinne einer negativen Einkommensteuer. Selbst verdientes Einkommen wird prozentual so auf das Bürgergeld angerechnet, dass sich eigene Arbeit immer lohnt. So schafft das Bürgergeld eine stigmafreie Grundsicherung, die Menschen aktiviert und zu Anstrengung ermutigt."

Im Bundestagswahlprogramm 2017[278] fordert die FDP im Kapitel „Aktivierender Sozialstaat":

„Wir Freie Demokraten setzen uns für mehr Transparenz und für die Vereinfachung bei den steuerfinanzierten Sozialleistungen ein. Aktuell gibt es

[277] https://www.fdp.de/sites/default/files/uploads/2016/01/28/karlsruherfreiheitsthesen.pdf

[278] https://www.freiheit.org/wahlprogramme-der-fdp-zu-den-bundestagswahlen

viele verschiedene Sozialleistungen mit ganz unterschiedlichen Voraussetzungen. Diese Leistungen sind oft nicht ausreichend aufeinander und mit dem Steuersystem abgestimmt. Wem welche Leistungen zustehen, ist für die Betroffenen und auch für die Verwaltung oft nicht klar. Das System ist schwer durchschaubar und bestraft sogar teilweise die Arbeitsaufnahme. Beispielsweise, wenn durch den Wegfall einer ergänzenden Sozialleistung am Ende trotz Arbeit weniger Geld übrig bleibt.

Wir Freie Demokraten setzen uns deshalb für die Einführung eines liberalen Bürgergeldes ein. Dabei werden steuerfinanzierte Sozialleistungen, wie beispielsweise die Regelleistung und die Unterkunftskosten des Arbeitslosengelds II, die Grundsicherung im Alter, die Sozialhilfe zum Lebensunterhalt, der Kinderzuschlag und das Wohngeld, in einer Leistung und an einer staatlichen Stelle zusammengefasst. Das liberale Bürgergeld macht es für alle Menschen, die auf die Hilfe der Gesellschaft angewiesen sind, einfacher und lässt sie nicht länger von Amt zu Amt rennen.

Auch die Arbeitsaufnahme lohnt sich mehr, als das heute der Fall ist. Selbstverdientes Einkommen soll nur prozentual und geringer als heute angerechnet werden."

14.2.6. SPD

Im Bundestagswahlprogramm[279] 1994 fordert die SPD u.a.:

- Maschinen sollen länger laufen, damit Menschen kürzer arbeiten können.
- Zum Abbau der Massenarbeitslosigkeit soll der öffentlich geförderte Arbeitsmarkt ausweitet und verstetigt werden.
- Abbau und Vermeidung von Altersarmut durch eine soziale Grundsicherung.

1998 deuten sich die Hartz-Reformen bereits an. Ziel sei eine verstärkte

[279] https://www.fes.de/bibliothek/grundsatz-regierungs-und-wahlprogramme-der-spd-1949-heute

Zusammenarbeit von Sozialämtern und Arbeitsämtern. Grundsatz sei „Arbeit statt Sozialhilfe".

Im Wahlprogramm 2002 wird die Hartz-Kommission angekündigt und im Wahlprogramm 2005 die Ergebnisse als Lösung präsentiert.

2017 sind die Themen eine Bürgerversicherung, ein neuer Generationenvertrag für die Rente sowie die Solidarrente.

Im November 2018 schrieb die damalige SPD-Vorsitzende Andreas Nahles in der Frankfurter Allgemeinen Zeitung (FAZ) einen Beitrag mit dem Titel „Abstieg verhindern, Aufstieg ermöglichen".[280]

Nahles beschriebt in dem Artikel die Lage: ***„Obwohl wir 200 Milliarden Euro jährlich für Kinder-, Familien- und Eheleistungen aufwenden, sind zwei Millionen Kinder und Jugendliche auf Grundsicherung angewiesen. Obwohl wir mehr als 350 Milliarden Euro für die Alterssicherung aufwenden, reicht eine volle Stelle auf Mindestlohnniveau derzeit nicht aus, um einen Rentenanspruch oberhalb der Sozialhilfe zu erwerben. Und obwohl wir so viel Geld für die soziale Sicherung ausgeben, empfinden viele Menschen den Sozialstaat nicht als Unterstützung, sondern als Hindernislauf."***

Andrea Nahles hält deshalb eine große Sozialstaatsreform für erforderlich. Die Grundsicherung müsse ein Bürgergeld sein.

Auf ihrem Bundesparteitag am 6.-8. Dezember 2019[281] beschloss die SPD unter dem Titel „Arbeit – Solidarität – Menschlichkeit. Ein neuer Sozialstaat für eine neue Zeit" u.a. ein Bürgergeld, das allerdings mit dem FDP-Bürgergeld nur den Namen teilt. Das SPD-Bürgergeld ist ein verbessertes Hartz IV mit einem Bildungsbonus, weniger Sanktionen und besserem Vermögensschutz. Für ein Recht auf Arbeit will man den sozialen Arbeitsmarkt ausweiten. Konzeptionell belastbarer ist die angestrebte Kindergrundsi-

[280] https://www.faz.net/aktuell/politik/inland/andrea-nahles-die-neue-grundsicherung-muss-ein-buergergeld-sein-15894653.html

[281] https://www.spd.de/partei/beschluesse/

cherung, die Kindergeld, Kinderfreibetrag, Kinderzuschlag, Bildungs- und Teilhabepaket sowie Leistungen aus dem SGB II zu einem Gesamtsystem zusammenfasst.

14.3. Wortführer

Viele Menschen beschäftigen sich mit Sozialpolitik und unterschiedlichen Konzepten rund um das Grundeinkommen. Einige haben die Debatten ganz wesentlich vorangetrieben und sind daher mit ihren grundlegenden Ideen nachstehend kurz dargestellt.

14.3.1. Milton Friedman

Milton Friedman war ein US-amerikanischer Wirtschaftswissenschaftler, Nobelpreisträger und stand für die Freiheit des Einzelnen. 1962 veröffentlichte er das Buch „Capitalism and Freedom". Die deutsche Fassung „Kapitalismus und Freiheit" erschien 1971. Das Werk setzt sich grundsätzlich mit Wirtschafts- und Finanzpolitik auseinander. Um Armut zu verhindern, schlug er das System der negativen Einkommensteuer mit einem garantierten Mindesteinkommen vor.

Friedman begründet die staatliche Wohlfahrt damit, dass private Wohltätigkeit dieser zwar vorzuziehen sei, sich in den unpersönlichen Städten aber womöglich nicht genügend Menschen dafür bereit erklären. Nachteilig sei, dass durch die staatliche Tätigkeit die private zurückgedrängt würde.

Ein Programm gegen die Armut müsse Menschen als Menschen helfen und nicht, weil sie einer bestimmten Berufsgruppe, Altersgruppe oder anderen Gruppierungen zugeordnet würde.

Die negative Einkommensteuer erläutert er mit einem „Zuwendungssatz" von 50 %. Im Sinne des poverty gap setzt diese Zuwendung direkt auf das Grundeinkommen mit der Formel

Steuersatz * (Eigeneinkommen – Grundeinkommen)

an.

Er führt weiter aus, dass selbstverständlich die Zuwendungssätze gestaffelt werden können. Mit dem Konzept der negativen Einkommensteuer würde ein Mensch nie ein bestimmtes Einkommen unterschreiten. Weiterhin erfolge die Zuwendung durch Geld, was die für den einzelnen nützlichste Form sei.

14.3.2. Evelyn L. Forget

Dr. Evelyn L. Forget[282] hörte 1974 als Psychologiestudentin erstmalig von dem Mincome-Experiment in Dauphin, Provinz Manitoba, Kanada. Als Professorin an der Universität von Manitoba grub sie Jahrzehnte später die Ergebnisse wieder aus, untersuchte Langzeiteffekte und veröffentlichte 2011 **The town with no poverty**[283].

Darin erzählt sie zunächst die Geschichte der Wohlfahrt und der negativen Einkommensteuer in Nordamerika. Dauphin beschreibt sie als landwirtschaftlich geprägte Stadt mit vielen Selbständigen und volatilem Umfeld wie schwankende Agrarpreise und wechselnden Wetterbedingungen. Bedingt durch die Inflation in den 1970er Jahren konnten die Forscher die Analysearbeit nicht mehr vervollständigen und konzentrierten sich auf die Erhebung und Archivierung der Daten. Die Ergebnisse zeigten, dass sich der Wohlstand positiv entwickelte, die Schulleistungen verbesserten und höherwertige Schulausbildungen angestrebt wurden. Die Krankenhausaufenthalte sanken um 8,5 %, insbesondere bei Unfällen und Verletzungen sowie bei psychischen Erkrankungen. Keine Auswirkungen fanden sie auf die Fertilität, Scheidungsraten oder Geburtsergebnisse. Allein die sinkenden Gesundheitskosten würden hochgerechnet Milliarden einsparen.

[282] https://umanitoba.ca/faculties/health_sciences/medicine/units/chs/faculty_and_staff/fac_forget.html

[283] https://doi.org/10.3138/cpp.37.3.283

In den Folgejahren veröffentlichte Dr. Forget noch weitere Bücher zum Thema.[284] Im aktuellen Werk **Basic Income for Canadians: From the COVID-19 Emergency to Financial Security for All**[285] schreibt Forget über die Lehren aus der COVID-19-Pandemie für ein Grundeinkommen zusammengefasst:

> Manche Dinge haben in Kanada während der Pandemie besser funktioniert, als gedacht. Die Hilfsprogramme wurden größtenteils umgesetzt und das Online-Kontensystem der kanadischen Steuerbehörde konnte die Hilfen innerhalb weniger Tage unkompliziert auszahlen. Das System war in der Lage schnell auf die Krise zu reagieren. Schwieriger war es aber, als manche Tätigkeiten nur schrittweise wieder aufgenommen werden konnten, das System aber keinen fließenden Übergang bot.
>
> Kanada verfügt zwar über Kindergeld bis zum 18 Lebensjahr und eine garantierte Einkommensergänzung der Alterssicherung, nicht jedoch über ein Grundeinkommen für Erwachsene im erwerbsfähigen Alter. Ein Einheitsbetrag für alle (bedingungsloses Grundeinkommen) findet in Kanada wenig Anklang, sehr wohl aber ein Grundeinkommen im Bedarfsfall. Die Höhe der Leistung würde nur vom Einkommen abhängen. Es gäbe keine „Bedürftigkeitsprüfung" und keine Verpflichtung, sich bei einem Sachbearbeiter zu melden oder Bemühungen um Arbeit nachzuweisen. Eigenes Einkommen würde nur anteilig angerechnet.
>
> Die Arbeitslosenversicherung hatte allerdings erhebliche Probleme. Weil jeder Antrag misstrauisch geprüft wird, konnte sie das schnell wachsende Antragsaufkommen nicht bewältigen und die Antragssteller mussten lange auf die Unterstützung warten. Ähnlich komplex agiert die Sozialhilfe in den Provinzen.

[284] https://www.basicincomecanada.org/tags/evelyn_forget

[285] http://www.lorimer.ca/adults/Book/3189/Basic-Income-for-Canadians.html

Forget schildert, wie sie als Wirtschaftsprofessorin im Jahr 2000 an der Fakultät für Medizin arbeitete und die enge Beziehung zwischen Einkommen und Gesundheitszustand erkannte. Eine universelle Gesundheitsvorsorge garantiert nicht die gleichen gesundheitlichen Ergebnisse für alle. Sie spürte das Datenarchiv von Mincome auf und begann die Daten mit den Doktoranten zu analysieren.

Hier wie in anderen ähnlichen Projekten zeigten sich immer wieder die gleichen Ergebnisse: Die psychische und physische Gesundheit verbesserte sich, die Investitionen in Bildung stiegen, das Leben von Frauen und Mädchen wurde gefördert und die soziale Solidarität gestärkt. Bei allen Experimenten, egal ob sie in Ländern mit niedrigem, mittlerem oder hohem Einkommen durchgeführt wurden, sind die Ergebnisse verblüffend ähnlich.

Ob es in Zukunft ein Mangel an Arbeitskräften gibt, oder die Automatisierung weite Teil der Arbeit übernimmt, ist offen. Jedoch wird das Tempo der Veränderung zunehmen, zugleich sind den Möglichkeiten auf andere Berufe umzuschwenken Grenzen gesetzt. Der technologische Wandel ist disruptiv und ein Grundeinkommen kann diesen Wandel ausgleichen.

Das Grundeinkommen gleicht nicht nur private Schwankungen aus, sondern auch die der Gesamtwirtschaft. In ökonomisch schlechten Zeiten sorgt das Grundeinkommen dank der Stärkung der Kaufkraft für eine Stabilisierung. Das Grundeinkommen soll nach Dr. Forget im Sinne der negativen Einkommensteuer mit 40% Anrechnung ausgebildet werden und nur vom eigenen Einkommen und Alter abhängen.

14.3.3. Joachim Mitschke

Prof. Dr. Joachim Mitschke[286] ist gelernter Steuerinspektor und Volkswirt.

[286] http://www.prof-mitschke.de/

1975 bis 1995 hatte er die Professur für Volks- und Betriebswirtschaftliches Rechnungswesen an der Johann Wolfgang Goethe-Universität Frankfurt/Main inne.

Bereits Mitte der 1970er Jahre hat sich Mitschke mit der negativen Einkommensteuer und der Integration von direkten Steuern und sozialen Transfers in einer Staatsbürgersteuer beschäftigt. Mitschke gilt als Vater des Bürgergelds und hat in zahlreichen Schriften die Steuer- und Transferordnung aus einem Guss ausgelotet. Dabei orientierte er sich immer daran, Investitionen und Arbeit durch ein gutes Gesamtsystem zu fördern. Mit dem Lebenseinkommen als Bemessungsgrundlage will Mitschke allein die Summe des Konsums und das Vermögen am Lebensende besteuern.

Zu seinen wichtigsten Werken gehören:

- **Staatsbürgersteuer**. Vorschlag zur Reform der direkten Steuern und persönlichen Subventionen durch ein integriertes Personalsteuer- und Subventionssystem (zusammen mit W. Engels und B. Starkloff). Schriftenreihe des Karl-Bräuer-Instituts, Heft 26, Wiesbaden 1974; 2. Aufl. Wiesbaden 1975

- **Steuer- und Transferordnung aus einem Guß**. Entwurf einer Neugestaltung der direkten Steuern und Sozialtransfers in der Bundesrepublik Deutschland. Schriften zur Ordnungspolitik, Bd. 2. Hrsg. Frankfurter Institut für wirtschaftspolitische Forschung und Kronberger Kreis. Baden-Baden 1985

- **Erneuerung des deutschen Einkommensteuerrechts.** Gesetzestextentwurf und Begründung. Mit einer Grundsicherungsvariante. Köln 2004, Nachdruck 2005

In letzterem hat Joachim Mitschke auf den Seiten 104f auch eine Widerlegung der von DIW[287] berechneten erheblichen Belastung der öffentlichen

[287] https://www.diw.de/de/diw_01.c.482162.de/publikationen/wochenberichte/1994_41_1/buergergeld___keine_zauberformel.html

Haushalte erstellt und vor allem vier Hauptfehler dargelegt. In der Gegenrechnung kommt Mitschke zu einer haushaltsneutralen Kalkulation des Bürgergelds.

14.3.4. Götz W. Werner

Götz W. Werner ist Gründer des Unternehmens „dm-drogerie markt" sowie der Initiative „Unternimm die Zukunft" für ein bedingungsloses Grundeinkommen.

Werner ist Autor des 2007 erschienenen Buchs[288] „Einkommen für alle" mit dem Untertitel „Bedingungsloses Grundeinkommen – die Zeit ist reif". 2018 erschien eine erweiterte Neuausgabe.

Werner unterstützt die im Jahre 2016 gegründete Partei „Bündnis Grundeinkommen". 2019 stiftete Werner den ersten Lehrstuhl zum bedingungslosen Grundeinkommen (Basic Income Research Group) in Deutschland an der Universität Freiburg[289].

In seinem Buch „Einkommen für alle" verknüpft er ein bedingungsloses Grundeinkommen mit einer Reform der Besteuerung.

Zusammenfassung „Einkommen für alle"

Unser Wirtschaftssystem hat sich nach Werner grundlegend von Selbstversorgung zur Fremdversorgung geändert. Während ein Selbstversorger erst etwas erschafft, von dem er leben kann (und mit Überschüssen sogar Handel treiben kann), setzt der Fremdversorger immer auf der Tätigkeit anderer auf. Der Selbstversorger kann sich ganz auf seine Bedürfnisse konzentrieren, während der Fremdversorger zwar als Konsument seine Bedürfnisse befriedigt (Egoist),

[288] https://www.kiwi-verlag.de/buch/goetz-w-werner-enrik-lauer-einkommen-fuer-alle-9783462051087

[289] http://www.wipo.uni-freiburg.de/research/projects/BIRG

zugleich aber als Produzent sich den Wünschen der Kunden unterordnet (Altruist). Unsere Gesellschaft ist sogar generationsübergreifend arbeitsteilig, etwa bei dem Rentensystem. Das sogenannte Recht auf Arbeit betrachtet Werner als Zwang zur Arbeit und will es durch ein Recht auf Einkommen ersetzen, dem Grundeinkommen.

Notwendig sei das Grundeinkommen auch deshalb, um Arbeit zu ermöglichen, die im Wesentlichen ohne Produktivitätssteigerungen auskommen muss, etwa in der Pflege von Menschen. Das Grundeinkommen soll Arbeit ermöglichen, die man nicht bezahlen kann.

Werner zeigt weiterhin auf, wie er in seinem Unternehmen mit Vertrauen statt Kontrolle viel erfolgreicher ist. Die **Vertrauenskultur** bei dm befördert Eigenverantwortung und vermeidet auf diese Weise ganz natürlich Hierarchien. Zudem ist sie flexibler und kundenorientierter.

Werner will nicht Einnahmen, sondern Ausgaben besteuern, also anstelle einer Körper- bzw. Einkommensteuer eine reine Konsumsteuer. Das Kapital soll in Ruhe arbeiten können. **Erst, wenn die Wertschöpfung in konsumfähige Leistungen realisiert ist, soll sie besteuert werden.** Egal, ob jemand sein Geld ausgibt, hortet oder verschenkt: am Ende steht immer der Konsum. Ertragssteuern greifen viel zu früh in den Wirtschaftsprozess ein und verstecken sich schließlich in den Preisen. Das belastet den Export, weil die Preise entsprechend höher sind. Im Inland würden Importe sich entsprechend verteuern und inländisch erzeugte Güter wettbewerbsfähiger werden. Deshalb sollten alle Steuern in den Konsumsteuern ausgewiesen werden. Dann wird nicht das nominale Einkommen besteuert, sondern die Realwerte.

Arbeit und Kapital sind geistige Werte. Die Arbeit ist durch den Menschen getragen, das Kapital lebt von der Gestaltungskraft des Unternehmens. Nicht die Beträge der Bilanz sind entscheidend, sondern die formenden Prozesse. **Das Grundeinkommen befreit die Arbeitenden von der Existenzangst, die Konsumsteuer befreit das Kapital.**

Die Abschaffung der Lohn- und Einkommensteuer zugunsten einer Konsumsteuer stellt endlich menschliche Arbeit mit den Maschinen gleich.

14.3.5. Dieter Althaus

Dieter Althaus war Ministerpräsident 2003-2009 des Freistaats Thüringen. Er schlug das Konzept „**Solidarisches Bürgergeld**"[290] vor. Das Konzept wurde 2007 bis 2010 durch die Grundsatzkommission der CDU entwickelt.

Für die Diskussion besonders interessant ist, dass es mit Kopfpauschalen und einheitlichen Steuersätzen (Flat-Tax) arbeitet.

Das Solidarisches Bürgergeld besteht aus folgenden Kopfpauschalen:

- **800 Euro Bürgergeld**, bedingungslos für jeden deutschen Staatsbürger, Kinder 500 Euro.
- **Gesundheitsprämie**, eine einkommensunabhängige Kopfpauschale als Mindestbeitrag für die Krankenversicherung von 200 Euro, die vom Bürgergeld gleich abgezogen wird. Es verbleiben folglich 600 Euro bzw. für Kinder 300 Euro.

Die Besteuerung (Flat-Tax) erfolgt über zwei durch den Bürger wählbare Optionen:

- **Option 1**: Steuersatz von 50 %, der auch für Anrechnung von eigenem Einkommen auf das Bürgergeld gilt. Der Satz gilt also durchgängig für negatives wie positives Einkommen.
- **Option 2**: Halbes Bürgergeld (400 Euro) bei halbem Steuersatz (25 %); ab 1.600 Euro Eigeneinkommen lohnt sich der Wechsel in diese Option.

[290] https://www.kas.de/de/einzeltitel/-/content/das-solidarische-buergergeld

Bürgergeldrente: Bei Renteneintritt erhöht sich das Bürgergeld um eine Zulage, die vom Einkommen und Arbeitsjahre abhängt und maximal 600 Euro beträgt.

Dieter Althaus und Co-Herausgeber Hermann Binkert stellten das Konzept in dem Buch „Solidarisches Bürgergeld – den Menschen trauen: Freiheit nachhaltig und ganzheitlich sichern" vor. Co-Autoren sind Götz Werner und Michael Schramm.

14.3.6. Rutger Bregman

Rutger Bregman ist ein Historiker, der sich vielfach mit dem Thema Grundeinkommen beschäftigt. Ein bekannter Vortrag ist auf YouTube[291] verfügbar und wurde transkribiert[292]. Er stützt sich in seiner Argumentation auf Forschungsergebnisse in Indien und besonders den Feldversuch im kanadischen Dauphin mit den Auswertungen von Dr. Forget. Die Psychologie der Knappheit würde dafür sorgen, dass sich Arme weniger intelligent verhalten. Dumme Entscheidungen werden laut Bregman nicht wegen Dummheit gefällt, sondern weil in einem Kontext der Knappheit ein Mensch dumme Entscheidungen trifft. Mehr oder weniger Geld in der Tasche beeinflusst den IQ wie der Blutzuckerspiegel. Arme sind nicht aus Charaktermangel arm, sondern schlicht wegen Geldmangel.

In seinem Buch „**Utopien für Realisten**: Die Zeit ist reif für die 15-Stunden-Woche, offene Grenzen und das bedingungslose Grundeinkommen" von 2017 schlägt Bregman u.a. vor:

- Direkte einmalige Geldspenden an arme Menschen, die diese meist in ihr Fortkommen investieren.
- Ein bedingungsloses Grundeinkommen.

[291] https://youtu.be/ydKcalE6O1k

[292] https://www.ted.com/talks/rutger_bregman_poverty_isn_t_a_lack_of_character_it_s_a_lack_of_cash/transcript?language=de

- Den Zustand eines Landes durch eine breite Zahl an Indikatoren bis hin zum Bruttonationalglück messen, anstelle des wenig hilfreichen Bruttoinlandsprodukt.
- Die Produktivitätsfortschritte für eine 15-Stunden Woche nutzen um ein erfüllteres Leben zu führen.
- Höhere Steuersätze für irrelevante Berufe wie Banker und Bevorteilung von nützlichen Berufen wie Krankenpfleger.
- Eine progressive Reichensteuer für eine massive Umverteilung.
- Weltweit die Öffnung aller Landesgrenzen.

14.4. Initiativen

Es gibt eine große und wachsende Zahl von Aktivitäten sowie Initiativen rund um das Thema Grundeinkommen. Nachstehend sind einige exemplarisch dargestellt:

14.4.1. Netzwerk Grundeinkommen

Den organisatorischen Rahmen für das Netzwerk[293] bildet der „Verein zur Förderung des bedingungslosen Grundeinkommens e.V." mit Sitz in Berlin. Das Netzwerk vertritt Deutschland im Basic Income Earth Network (BIEN).[294]

14.4.2. Partei „Bündnis Grundeinkommen"

Die Ein-Themen-Partei „Bündnis Grundeinkommen"[295] will modellneutral sein und sich für das bedingungslose Grundeinkommen einsetzen. Die Partei wurde 2016 gegründet und wird von Götz W. Werner unterstützt.

[293] https://www.grundeinkommen.de/

[294] https://basicincome.org/

[295] https://www.buendnis-grundeinkommen.de/

14.4.3. Teilhabegeld der Bertelsmann-Stiftung

Das Teilhabegeld[296] ist ein Konzept der Bertelsmann Stiftung. Das Teilhabegeld ersetzt und bündelt die bisherigen Leistungen Kindergeld, Kinderzuschlag, SGB II-Regelsätze für Kinder sowie Leistungen der Bildung und Teilhabe. Ziel der Studie ist es, die finanzielle Situation von Kindern und Jugendlichen in einkommensschwachen Familien zu verbessern. Dies geht in den Modellrechnungen teilweise zu Lasten der mittleren und höheren Einkommen. Das Teilhabegeld wird mit dem Einkommen der Eltern anteilig verrechnet. Sprünge sollen geglättet werden.

Neben dem Teilhabegeld gehört zum Konzept eine an den Kindern und Jugendlichen orientierte Bedarfserhebung sowie eine gute Infrastruktur mit Kitas und Schulen.

14.4.4. Bündnis Kindergrundsicherung

Das Bündnis für Kindergrundsicherung[297] ist ein Zusammenschluss mehrere Verbände wie „Der Kinderschutzbund", „Deutsches Kinderhilfswerk", „Arbeiterwohlfahrt" und „Arbeiter-Samariter-Bund".

Ziel ist, eine Kindergrundsicherung in Höhe des Existenzminimums von 637 Euro pro Monat: 417 Euro Existenzminimum plus 220 Euro Freibetrag für die Betreuung und Erziehung bzw. Ausbildung. Daneben sollen Leistungen für Sonder- und Mehrbedarfe gesondert beantragungsfähig bleiben. Die Kindergrundsicherung soll mit den Grenzsteuersatz der Eltern versteuert werden.

Die Kindergrundsicherung soll bis zum 18. Lebensjahr gewährt werden bzw. bis zum Abschluss des ersten Bildungswegs. Die Kindergrundsicherung bündelt die Leistungen Kindergeld, Kinderzuschlag, Unterhaltsvor-

[296] https://www.bertelsmann-stiftung.de/de/publikationen/publikation/did/das-teilhabegeld-fuer-kinder-und-jugendliche

[297] http://www.kinderarmut-hat-folgen.de/

schuss und der kindesbezogenen Sozialleistungen. Die Kosten belaufen sich auf rund 110 Mrd. Euro in Deutschland. Die Finanzierung soll über die bisherigen Leistungen in Höhe von 49 Mrd. Euro erfolgen. Die Besteuerung sorgt für etwa 27 Mrd. Euro Refinanzierung. Weiterhin soll das Ehegattensplitting aufgegeben werden, was etwa 11,5 Mrd. Euro entspricht.

Es bleibt eine Finanzierungslücke von gut 22 Mrd. Euro. Neben einer Reduktion der Verwaltungskosten will man diese Lücke durch neue oder höhere Steuern schließen.

14.4.5. Dauphin in Kanada

Das Dauphin-Experiment hat durch die Forschungen von Dr. Evelyn L. Forget in den letzten Jahren ein steigendes Interesse gefunden. Das Projekt dauerte von 1974 bis 1979, aber aus Kostengründen konnten nur zwei Jahre Daten erhoben werden. Unter dem Projektnamen Mincome (MINimum inCOME) zahlte der Staat ein Grundeinkommen mit einer negativen Einkommensteuer von 50%.

Jede Familie in Dauphin, mit einer Bevölkerung von etwa 10.000 Einwohnern und weiteren 2.500, die in der ländlichen Gemeinde leben, war berechtigt, an dem Guaranteed Annual Income (GAI) teilzunehmen. Das Experiment gilt als erfolgreich bei positiver Entwicklung der Schulleistungen und sinkenden Krankenhausaufenthalten.

14.4.6. Europäische Bürgerinitiative

Am 25. September 2020 startete die Europäische Bürgerinitiative (EBI) Bedingungsloses Grundeinkommen[298][299]. Innerhalb eines Jahres muss die Initiative 1 Mio. Unterschriften sammeln.

[298] https://de.eci-ubi.eu/

[299] https://www.ebi-grundeinkommen.de/

Damit soll, so die Initiatoren, das Ziel der in 2017 formulierten gemeinsamen Erklärung des Europäischen Rates, des Europäischen Parlaments und der Europäischen Kommission verwirklicht werden, dass „die EU und ihre Mitgliedsstaaten auch effiziente, nachhaltige und gerechte Sozialschutzsysteme zur Gewährleistung eines Grundeinkommens unterstützen werden". Die Kernpunkte der Initiative sind:

- **Universalität**: Das Grundeinkommen wird ohne Bedürftigkeitsprüfung an alle ausgezahlt. Es wird nicht von Grenzen hinsichtlich des Einkommens, der Ersparnisse oder des Eigentums abhängig gemacht. Jede Person hat unabhängig von Alter, Abstammung, Staatsangehörigkeit, Wohnort, Beruf usw. Anspruch auf diese Leistung. Gefordert wird somit ein EU-weit garantiertes bedingungsloses Grundeinkommen.

- **Individualität**: Jeder Mensch hat einen individuellen Anspruch auf das Grundeinkommen, da nur so der Schutz der Privatsphäre gewährleistet ist und verhindert werden kann, dass bestimmte Personen eine Kontrolle über andere Personen ausüben können. Für das Grundeinkommen soll es keine Rolle spielen, welchen Personenstand die Bezieher haben, mit wem oder in welchem Haushalt sie zusammenwohnen oder welches Einkommen/Eigentum andere zum Haushalt oder zur Familie gehörige Personen besitzen. So kann jeder Mensch seine eigenen Entscheidungen treffen.

- **Bedingungslosigkeit**: Als Menschenrecht und Rechtsanspruch darf das Grundeinkommen nicht von der Erfüllung von Vorbedingungen abhängig gemacht werden; es darf also keine Pflicht geben, eine bezahlte Arbeit anzunehmen, die Bereitschaft zur Arbeit nachzuweisen, gemeinnützige Arbeiten zu verrichten oder sich geschlechterrollengemäß zu verhalten.

- **Ausreichende Höhe**: Der Betrag sollte ausreichen, um einen angemessenen Lebensstandard zu ermöglichen, der den gesellschaftlichen und kulturellen Standards des betreffenden

> Landes entspricht. Das Grundeinkommen soll materielle Armut verhindern und gesellschaftliche Teilhabe ermöglichen. Deshalb sollte der Nettobetrag des Grundeinkommens mindestens über der nach EU-Standards berechneten Armutsgefährdungsgrenze liegen, was 60 % des sogenannten nationalen medianen Nettoäquivalenzeinkommens entspricht. In Ländern, in denen die meisten ein geringes Einkommen haben und das Medianeinkommen somit niedrig ist, sollte zur Berechnung der Höhe des Grundeinkommens ein anderer Referenzwert herangezogen werden (z. B. ein Korb von Waren und Dienstleistungen), denn nur so ist gewährleistet, dass die Bezieher*innen ein Leben in Würde und materieller Sicherheit führen und in vollem Umfang an der Gesellschaft teilhaben können.

Das Prinzip der „ausreichenden Höhe" wird teilweise an die Grenze der relative Armutsgefährdung gekoppelt. Wie im Kapitel über „Armut und Armutsgefährung" erläutert, wären das Existenzminimum und die Kaufkraft bessere Orientierungspunkte.

14.4.7. Finnland

Finnland testete über zwei Jahre 2017-2018 mit 2.000 Bürgerinnen und Bürgern ein Grundeinkommen von 560 Euro/Monat.[300] Die Beschäftigungsquote für Empfänger des Grundeinkommens verbesserte sich in diesem Zeitraum um knapp 7% gegenüber der Kontrollgruppe. Das Wohlbefinden der Teilnehmer verbesserte sich auf einer Skala von 0 bis 10 von 6.8 (Kontrollgruppe) auf 7.3. Sie waren zufriedener mit ihrem Leben und erlebten weniger psychische Belastungen, Depressionen, Traurigkeit und Einsamkeit. Sie hatten auch eine positivere Wahrnehmung ihrer kognitiven Fähigkeiten, d.h. Gedächtnis, Lernen und Konzentrationsfähigkeit. Durchgeführt wurde die Studie von Kela, der finnischen Sozialversicherungsbehörde.

[300] https://www.kela.fi/web/en/news-archive/-/asset_publisher/lN08GY2nIrZo/content/results-of-the-basic-income-experiment-small-employment-effects-better-perceived-economic-security-and-mental-wellbeing

14.4.8. Deutschland

Das Deutsche Institut für Wirtschaftsforschung[301] (DIW Berlin) und der Verein „Mein Grundeinkommen"[302] führen ab 2021 für 3 Jahre einen Test[303] für ein bedingungsloses Grundeinkommen durch. Dabei erhalten 122 Menschen monatlich 1.200 Euro. Mit dem Versuch sollen Daten in wissenschaftlicher Qualität erhoben werden.

14.4.9. Schweiz

Am 5. Juni 2016 stimmte die Schweiz in einer Volksabstimmung über ein bedingungsloses Grundeinkommen ab. 23,1% stimmten zu, 76,9 % lehnten das Begehren ab, die Beteiligung lag bei 47 %.

Ziel war, ein bedingungsloses Grundeinkommen von 2.500 Franken pro Monat durchsetzen, bei Kindern wurden 625 Franken angestrebt.[304]

[301] https://www.diw.de/de/diw_01.c.796681.de/projekte/pilotprojekt_grundeinkommen.html

[302] https://www.mein-grundeinkommen.de/

[303] https://www.pilotprojekt-grundeinkommen.de/

[304] https://www.grundeinkommen.ch/

Danksagung

Bedanken möchte ich mich bei den Testleserinnen und Testleser für ihre wertvollen Korrekturen, Verbesserungsvorschläge und Anmerkungen. Die Qualität des Buches hat sich dank dieser Unterstützung und Mitarbeit merklich gesteigert.

Ich hatte beim Schreiben dieses Buches zwei besondere Herausforderungen. Zum einen wollte ich inhaltlich in die Tiefe gehen und doch zugleich die Lektüre kompakt halten.

Die zweite Herausforderung war die größere: Alles soll sachlich korrekt sein. Dieser Sozialstaat ist so vielgestaltig und mit einem Detailreichtum ausgestattet, so dass Fehler fast unausweichlich sind. Für Korrekturhinweise sage ich daher schon einmal an dieser Stelle vielen Dank.

Ich habe dieses Buch verfasst, um die politische Diskussion voranzubringen. Es würde mich sehr freuen, wenn Vorschläge der Leserschaft wie auch Erkenntnisse aus Diskussion eines Tages zu einer noch besseren Version des Buches führen wird. Glücklich wäre ich, wenn das Buch dazu beiträgt die Sozialpolitik moderner und leistungsfähiger zu gestalten.

Bildnachweis

Portraitphoto: Christoph Vohler

Weblinks

Die angegebenen Weblinks beziehen sich auf den Stand vom 5. April 2021.

Über den Autor

Ulrich Bode[305] ist Informatiker und seit vielen Jahren als Berater in Branchen wie Automotive, Handel, Finanzdienstleister und öffentliche Verwaltung tätig. In seinem Buch „Die Informationsrevolution"[306] (1997) sagte er unter anderem die Entwicklung des Smartphones (2007) und kryptografischen Digitalgeldes (2009) vorher. 2018 erschien „The Making of Digital"[307]. Ulrich Bode ist Fellow der Gesellschaft für Informatik.

Politisch engagiert sich Ulrich Bode als Kreis- und Gemeinderat, in beiden Gremien auch als Referent für Digitalisierung und IT. In der FDP ist er seit Jahrzehnten in unterschiedlichen Funktionen aktiv, u.a. Ende der 1990er Jahre als Generalsekretär der bayerischen FDP und später viele Jahre als Vorsitzender der Liberalen Kommunalpolitiker in Bayern.

Ulrich Bode setzt sich für grundlegende Reformen in Deutschland ein und kämpft als liberale Stimme für ein Grundeinkommen. Für ihn sind Digitalisierung und eGovernment die treibenden Potenziale für eine Modernisierung Deutschlands.

[305] http://www.ulrich-bode.de/

[306] https://www.springer.com/de/book/9783322827524

[307] https://themakingof.digital/

The Making of Digital

The Making of Digital zeigt kompakt und verständlich die Schlüsselfaktoren der digitalen DNA erfolgreicher Unternehmen. Die Digitalisierung verändert nicht nur Märkte, sondern führt auch zu einer Neugestaltung der Arbeitswelt, ja der ganzen Gesellschaft. Als Homo Digitalis wird der Mensch selbst zum Megatrend.

Wie gelingt die digitale Transformation konkret? Warum ist dafür gutes Design elementar? Was unterscheidet Agilität von Chaos? Lassen sich digitale Geschäftsmodelle methodisch entwickeln? Und wie sieht das Internet der Zukunft aus? The Making of Digital ist Wegweiser und Ratgeber.

www.themakingof.digital